AF602261

ACTE III, SCÈNE X.

GASPARDO LE PÊCHEUR,

DRAME EN QUATRE ACTES ET CINQ TABLEAUX

PRÉCÉDÉ D'UN PROLOGUE,

Par M. J. Bouchardy,

Représenté pour la première fois, à Paris, sur le théâtre de l'Ambigu-Comique, le 14 janvier 1837

PERSONNAGES.	ACTEURS
PROLOGUE.	
GASPARDO.	M. GUYON.
RAPHAEL.	M. MONTIGNY.
PIETRO.	M. SAINT-FIRMIN.
JACOPPO SFORCE.	M. SAINT-ERNEST.
VISCONTI.	M. DELAISTRE.
RICCARDO.	M. CULLIER.
LE PASTEUR SANUTTO. .	M. THÉNARD.
CATARINA.	Mme MATHILDE.
UN ENFANT.	Mlle CAROLINE ZOÉ.
UN ESTAFFIER.	M. GARCIN.
DRAME.	
MARIE VISCONTI.	M. DELAISTRE.
LE PROCURATEUR CONTARINI	M. FOSSE.
GASPARDO LE GONDOLIER	M. GUYON.

PERSONNAGES.	ACTEURS
RAPHAEL LE FRANCISCAIN.	M MONTIGNY.
LE BRIGADIER PIETRO. .	M. SAINT-FIRMIN
LE CONNÉTABLE SFORCE.	M. SAINT-ERNEST
LE COMMANDANT FRANCESCO	M. ALBERT.
LE JUSTICIER RICCARDO	M. CULLIER.
BRABANTIO.	M. SALVADOR.
MICHIELLI.	M. GILBERT.
LE SÉNATEUR TIEPOLO.	M. MONET.
LE CAPITAINE FABRICIO.	M. BARBIER.
UN SOLDAT.	M. VIGEL.
UN HÉRAUT	M. BOUCHEZ.
BLANCHE DE VISCONTI .	Mme BLÈS.

GARDES, NOBLES, SÉNATEURS, FAMILIERS, GENS DU PEUPLE.

PROLOGUE.

Le théâtre représente une habitation de pêcheur dont le fond est ouvert sur un lac. A gauche, une sortie. Dans le coin au fond, à droite, une voûte oblique. Près de la voûte, une petite madone, un cierge de cire jaune allumé. Plusieurs escabeaux, des filets pendus ; sur le devant à gauche une table sur laquelle est une torche allumée.

SCENE PREMIERE.

CATARINA, LE PASTEUR.

(Catarina, assise, tient sur ses genoux un enfant endormi, encore au maillot.)

LE PASTEUR. Et vous me disiez qu'il aura deux ans...

CATARINA. Vienne le jour de la nativité.

LE PASTEUR. Que Notre-Seigneur lui soit en aide! Maintenant, ma fille, déposez doucement cet enfant dans son berceau, et prenez garde d'interrompre son sommeil.

CATARINA, *se levant et se dirigeant sous la voûte*. Si je l'embrassais sans l'éveiller.

LE PASTEUR. Et si vous l'éveilliez en l'embrassant... Songez que la Providence a donné aux enfans le sommeil pour remède à leurs maux... Ne risquez pas d'éveiller le mal, en éveillant l'enfant. Croyez-moi, Catarina, plus d'inquiétude pour lui... et songez bien que je l'ai vu naître... que chaque jour, je le vois sourire à mon approche... que je l'aime presque autant que vous pouvez l'aimer... et que je ne serais pas aussi calme s'il était en danger.

CATARINA. Oh! oui... vous l'aimez bien, n'est-ce pas?

LE PASTEUR. Comme si j'étais son grand-père!

CATARINA. Et s'il était assez malheureux pour devenir orphelin, vous auriez soin de lui, n'est-ce pas?

LE PASTEUR. Oui, ma fille... mais vous êtes tous deux si jeunes, et je suis déjà si vieux, que vous devez vivre long-temps encore après moi.

CATARINA. Peut-être...

LE PASTEUR. Pourquoi de si tristes pensées?..

CATARINA. C'est que le pressentiment d'un malheur me fait souffrir, mon père.

LE PASTEUR. Auriez-vous appris à douter de l'affection de votre époux, Gaspardo?

CATARINA Oh! non, mon père! Gaspardo est toujours ce que je l'avais jugé d'abord; brusque, mais sensible.. violent, emporté, mais loyal et généreux... et nous nous aimons plus encore qu'au premier jour.

LE PASTEUR. Qu'est-ce donc alors, ma fille?..

CATARINA. Il y a bientôt un mois que la gondole du duc Visconti, le gouverneur, s'est engravée sur le bord du lac, et tandis que ses rameurs la remettaient à flot, le duc est venu se reposer ici.

LE PASTEUR. Et vous y étiez?..

CATARINA. J'y étais.

LE PASTEUR. Et, sans doute, il est revenu depuis?

CATARINA. Tous les jours.

LE PASTEUR. Et Gaspardo...

CATARINA. Gaspardo va jeter ses filets dès le point du jour, porte, pendant la journée, son poisson au marché de la ville, passe une partie de ses nuits à la taverne, et tandis que, confiant, il m'abandonne ainsi, le duc vient m'accabler d'un amour que mon dédain semble augmenter encore... J'ai pu, jusqu'alors, cacher à Gaspardo mon trouble, ma frayeur; mais un jour, mon père, il découvrira tout, et ce même jour, la violence de sa haine pour les nobles et la force de son amour pour moi se réveilleront ensemble.... il attaquera le gouverneur en face... Le gouverneur, qui charge de sa défense ses valets, ses assassins.... Gaspardo deviendra leur victime... mon père; et je sens que si Gaspardo meurt, je ne pourrai lui survivre.

LE PASTEUR. Ne désespérons pas, Catarina.

CATARINA. Hélas! mon père, tant de malheurs nous ont atteints depuis que le duc de Milan a nommé son fils gouverneur de Plaisance...

LE PASTEUR. Vous avez raison, mon enfant... avec cet homme sont venus nos malheurs.... Prenez garde, ma fille, et suivez mon conseil...

CATARINA. Que faut-il faire, mon père?

LE PASTEUR. Exiger d'abord que Gaspardo reste sans cesse auprès de vous... et dans quelques jours, il vous faudra tous deux quitter Plaisance.

CATARINA. Oh! oui, mon père!.. mais comment décider Gaspardo à quitter sa cabane et le sol de Plaisance, où il est né? Comment l'y décider sans éveiller ses soupçons?

LE PASTEUR. Nous chercherons un moyen.

SCENE II.

LES MÊMES, RAPHAEL, PIÉTRO.

PIÉTRO, *après avoir regardé de tous les côtés*. Gaspardo n'est pas encore de retour?

CATARINA. Pas encore.

RAPHAEL. L'heure à laquelle il rentre d'ordinaire est passée depuis long-temps.

CATARINA. Il ne peut tarder...

PIÉTRO. Nous permettez-vous, bonne Catarina, de l'attendre ici?

CATARINA. Voulez-vous des dés pour jouer, en l'attendant?

PIÉTRO. Non, merci... deux escabeaux pour nous asseoir... voilà tout.

(Ils s'assoient.)

LE PASTEUR. Comment, Piétro, vous refusez de jouer aux dés?

PIÉTRO. Oui, pasteur Sanutto.

LE PASTEUR. De grâce, expliquez-moi la cause d'un si grand changement.... Il y a trois mois environ, on était sûr de trouver, à toute heure du jour, Piétro le

* Catarina, le pasteur, Piétro, Raphaël

lazzarone, jouant aux dés sur la piazza même, en plein soleil... quand des enfans se querellaient ou se battaient, c'était toujours Piétro qui les excitait... quand les gens du guet étaient battus à Plaisance, c'était encore Piétro qui battait les gens du guet.... Maintenant on ne voit plus Piétro jouer, en chantant, sur la piazza... ou rangeant les enfans en bataille, ou se révoltant contre le guet... Et pourquoi tant de sagesse?

PIÉTRO. Il y a trois mois, pasteur Sanutto, j'avais une sœur jeune et pure, folle et joyeuse comme moi... supportant gaîment la misère, et priant saintement la madone voilée des jeunes filles... Depuis lors, le duc Visconti, gouverneur de Plaisance, a séduit et déshonoré ma sœur. Piétro le lazzarone souffre, et ne joue plus aux dés... ma sagesse... c'est du chagrin.

LE PASTEUR, *à part*. Encore Visconti!.. (*A Raphaël.*) Et vous, Raphaël le laboureur, autrefois, la procession du Saint-Sépulcre ne sortait jamais sans vous trouver agenouillé sur son passage.... et ne demandez-vous plus aux frères leur bénédiction?

RAPHAEL. Autrefois, mon père, j'aimais d'amour une jeune fille belle et pure, la sœur de Piétro... nous devions nous unir au prochain jour de Noël, et je rendais grâce à Dieu; mais le gouverneur Visconti a séduit et déshonoré ma fiancée, je n'ai plus de grâce à rendre. Raphaël le laboureur n'a plus rien à espérer.

PIÉTRO. Frère! ton espoir et ma gaîté reviendront le lendemain de la vengeance!

RAPHAEL. Ta gaîté, peut-être... mon espoir, jamais!

CATARINA. Pauvre Raphaël!

LE PASTEUR. Il y a dans le ciel une justice égale pour tous, mes enfans... ne doutez pas de la Providence, elle vous vengera.

PIÉTRO. Oui, pasteur... la Providence... et mon stylet.

CATARINA. J'entends, je crois, Gaspardo.

(Elle sort à sa rencontre.)

GASPARDO, *dans la coulisse*. Attendons d'abord donc!.. attends donc!.. laisse-moi me débarrasser de ce sac, de ce filet.

(Il entre et dépose son sac et son filet.)

SCENE III.

LES PRÉCÉDENS, GASPARDO.

GASPARDO. Maintenant viens m'embrasser... (*Il l'embrasse.*) et donne-moi mon petit, que je l'embrasse à son tour.

CATARINA. Il dort.

GASPARDO. A-t-il souffert?

CATARINA. Un peu... mais le pasteur Sanutto m'a rassurée.

(Elle désigne le pasteur.)

GASPARDO, *l'apercevant*. Salut et merci au bon pasteur. (*Voyant Piétro et Raphaël.*) Vous voilà, compagnons... vous m'attendiez?..

PIÉTRO. Oui, tu es resté bien tard à la ville.

GASPARDO. C'est qu'il s'y est passé d'étranges choses...

RAPHAEL. Quoi donc?

GASPARDO. Des arquebusades et des coups de rapière.

PIÉTRO. Vraiment?

(Tout le monde entoure Gaspardo *.)

GASPARDO. Les compagnies de condottières qui ont accompagné à Plaisance le gouverneur et la noblesse de Milan se sont révoltées.

LE PASTEUR. Et pourquoi?..

GASPARDO. Parce que messieurs les nobles dépensent tant de sequins en fêtes et festins, qu'il ne leur en reste plus pour payer la solde; et sous la conduite d'un des leurs, dont on ignore encore le nom, trois cents condottières ont maintenu pendant sept heures le feu contre deux mille archers...

PIÉTRO. Et enfin?..

GASPARDO. Ils ont été forcés de se rendre: les munitions leur manquaient, mais au moins le gouverneur aura reçu une bonne leçon.

LE PASTEUR. Et qui nous coûtera cher à tous... Que Dieu vous garde! (*Bas à Catarina.*) De la prudence, ma fille, je reviendrai.

CATARINA, *prenant une lanterne*. Je vais vous éclairer, mon père, jusqu'au détour de la route.

(Gaspardo, Raphaël et Piétro accompagnent le pasteur jusqu'à la porte; il sort avec Catarina.)

SCENE IV.

PIETRO, GASPARDO, RAPHAEL.

PIÉTRO. Nous sommes seuls?

GASPARDO. Oui, qu'as-tu à me dire?

PIÉTRO. Frère, depuis plusieurs jours on a vu Visconti rôder auprès d'ici.

GASPARDO. En es-tu sûr?

PIÉTRO. Raphaël a rencontré ce soir son valet Riccardo.

* Catarina, le pasteur, Gaspardo, Piétro, Raphaël

RAPHAEL. C'est vrai.

GASPARDO. Silence ! voici Catarina !... partez.

PIÉTRO. Et quand nous reverrons-nous?

GASPARDO. Avant une heure, à la taverne.

PIÉTRO. C'est dit. (*A Catarina qui vient d'entrer.*) Bonne nuit, Catarina ; que Dieu vous garde !

CATARINA. Vous partez déjà ?

RAPHAEL. Il le faut, il est tard... que la madone vous protége, Catarina ; bonne nuit.

CATARINA. Bonne nuit.

(Ils sortent.)

SCENE V.

GASPARDO, CATARINA.

GASPARDO, *réfléchissant.* On a vu le gouverneur rôder auprès d'ici?.. qui l'y amène ?.. Dis-moi, femme !..

CATARINA. Que veux-tu, mon ami ?

GASPARDO. Depuis le jour où cet accident a conduit ici le gouverneur... il n'y est jamais revenu, n'est-ce pas ?

CATARINA, *précipitamment.* Jamais !..

GASPARDO. Ainsi, tu ne l'as jamais revu ?

CATARINA, *à part.* Est-ce qu'il soupçonnerait?..

GASPARDO. Dis...

CATARINA. Je ne l'ai jamais revu.

GASPARDO. C'est peut-être le seul homme qui t'ait vue, sans se dire : Qu'elle est belle !.. Et j'en remercie Dieu, car... s'il t'avait dit cela... mais, n'y songeons pas.

CATARINA. Son empressement n'aurait fait qu'exciter mon mépris.

GASPARDO. Oh ! je n'ai jamais douté de toi, Catarina... toi ! ma foi ! ma vie ! Mais l'amour de cet homme est une passion brutale qui a pour complices l'anathème et la violence, et contre laquelle la vertu ne peut rien..... N'a-t-il pas cruellement enlevé la sœur de Piétro, qui gardait à Raphaël son ame et sa beauté?.. n'a-t-il pas désolé vingt familles?.. Être aimée de lui, Catarina, c'est être condamnée... Depuis quelques jours, on l'a vu près d'ici... malheur à la femme qui l'y amène !.. ou plutôt, malheur à lui !

CATARINA, *à part.* Mon Dieu ! que me préparez-vous ?

GASPARDO, *l'observant.* Que penses-tu, femme ?

CATARINA. Je pense, Gaspardo, que si j'étais en butte à la passion du gouverneur, moi, qui dois conserver à la fois la pureté de l'épouse et de la mère, je pense que je me souviendrais que ton stylet est suspendu à ce mur, et que je défendrais ton honneur, comme tu défendrais ma vie.

GASPARDO, *souriant.* Bonne Catarina !.. mais il te tuerait !

CATARINA. Mieux vaudrait te laisser veuf que déshonoré.

GASPARDO. Et ton petit enfant ?

CATARINA. Le ciel ne l'abandonnerait pas... et d'ailleurs les chagrins d'une mère flétrie, désespérée, n'empoisonneraient-ils pas ses jours d'enfance, ses plaisirs de jeune homme ?.. Mieux vaudrait pour lui n'avoir jamais connu la sienne... Il y a, Gaspardo, des liens entre les époux, que la mort seule doit briser.

GASPARDO. Que tu mérites bien tout l'amour que peut contenir le cœur d'un homme!.. Que tu es belle !.. Si le gouverneur t'approchait !..

CATARINA. Dieu nous gardera d'un si grand malheur, tant que tu seras près de moi, Gaspardo... éloignons ces tristes idées... (*Approchant un escabeau.*) Asseyons-nous près l'un de l'autre... et parlons de notre enfant .. de son avenir...

GASPARDO. Raphaël et Piétro m'attendent à la taverne ; il est l'heure, je vais partir.

CATARINA. Je t'en prie, Gaspardo, ne me quitte pas ce soir...

GASPARDO. Et pourquoi ?..

CATARINA. Cette révolte des condottières a mis sur pied tous les gens du guet... sois prudent, ne sors pas.

GASPARDO. S'ils viennent à moi, je leur dirai : L'on m'avait enfermé dans le marché pendant l'action... que me voulez-vous ?.. Va, ne sois pas inquiète... je reviendrai bientôt.

CATARINA. Ne me quitte pas, Gaspardo... je suis souffrante.

GASPARDO. Tu l'es toujours quand je veux sortir.

CATARINA. C'est que mes nuits sont si longues... et puis... (*pleurant*) je souffre d'être toujours seule, abandonnée...

GASPARDO. C'est ça... pleure, maintenant... pleure ; c'est toujours la même chose chaque fois que je vais à la taverne... tu pleures... moi que ça attriste... je souffre là-bas, tandis que tu te chagrines ici... c'est aujourd'hui comme hier... ce sera demain comme aujourd'hui... ça ne peut pas changer... eh bien ! que la volonté de Dieu soit faite... il faut bien que je m'y résigne... D'ailleurs, j'ai donné ma parole... Adieu... (*Revenant près d'elle.*) Allons, ne te désole pas... voyons... laisse-moi partir heureux... et viens m'embrasser. (*Il l'embrasse.*) Je reviendrai bientôt.

(Il sort.)

SCENE VI.

CATARINA, *seule*, *puis* VISCONTI, RICCARDO, UN ESTAFIER.

CATARINA. Il est parti, et maintenant, j'ai peur... Si je le rappelais... si je lui disais tout... Oh! non, n'appelons pas un malheur qu'avec l'aide du pasteur nous parviendrons peut-être à éviter, et prions la madone en attendant son retour.

(Elle s'agenouille devant une petite vierge. Un estafier entre silencieusement et fait signe à Visconti, qui entre de la même manière, suivi de Riccardo.)

VISCONTI, *à l'estafier à demi-voix*. Maintenant, veillez à cette porte. (*L'estafier sort. A part.*) Respectons sa prière. (*A Riccardo, à demi-voix* :) Tu es bien sûr, Riccardo, que Gaspardo n'est pas ici?

RICCARDO, *de même*. Je viens de l'en voir sortir, et prendre le chemin de la taverne, où il va, comme d'habitude, trouver ses deux compagnons.

VISCONTI. C'est bien. (*S'approchant de Catarina, et élevant la voix.*) Que vous êtes belle ainsi, Catarina!

CATARINA, *effrayée*. Quelqu'un !.. ce sont eux.

(Elle se lève.)

VISCONTI. Pourquoi vous effrayer?.. Dites-moi, pour qui donc priez-vous avec tant de ferveur?

CATARINA. Je priais pour mon époux et mon enfant, et je demandais à Dieu la force et l'espoir.

VISCONTI. Et dans cette fervente prière, pas un mot pour le prince?

CATARINA. Chaque jour, les prêtres prient pour vous, monseigneur.

VISCONTI. Oh! je donnerais toutes leurs prières pour une seule de vous, qui remplissez ma pensée; car, tandis que la femme du peuple oublie son souverain, le souverain se souvient de la femme du peuple. Je suis sans cesse occupé de vous, Catarina; je maudis votre passé; je vous plains dans le présent, et je lis dans votre avenir; dans le passé, je vous vois cruellement jetée aux mains du grossier Gaspardo.

CATARINA. C'est moi qui l'ai choisi, monseigneur.

VISCONTI. Et cette première faute, Catarina, entraînera plus tard le repentir, comme le ferait un péché mortel. Dans le présent, je vous vois tristement abandonnée par cet homme qui vous délaisse pour la taverne; et dans l'avenir, je vous vois mère d'un enfant qui, suivant la route pernicieuse que lui aura tracée son père, vous rendra malheureuse.. et je dis alors: Mon Dieu! faites que Catarina comprenne mon amour et ma pensée; qu'elle suive un noble seigneur qui s'agenouillera devant sa beauté qui se fane inaperçue... et nous élèverons tous deux son enfant, qui grandira, riche de vertus et d'espérance.

CATARINA. La vertu n'est pas à votre cour.

VISCONTI. Vous la jugez bien hardiment, madame.

CATARINA. Je la juge d'après vous, seigneur, vous qui venez ici, souillant les lois de la religion et de l'humanité, pour arracher au pauvre homme sa femme et son enfant... tout ce qu'il aime après Dieu.

VISCONTI. Eh bien! oui, la beauté de Catarina a mis au cœur du prince un amour coupable, peut-être, mais un amour dévorant et profond... et je vendrais pour toi, femme, ma gloire, mes titres et mon ame. (*Arrachant son collier, et le jetant à ses pieds.*) Je donnerais pour toi ce collier que le pape a béni... Viens, obéis une fois au maître qui désormais t'obéira toujours.

CATARINA, *avec fierté*. Il vous serait plus facile, monseigneur, de vous faire suivre par la statue de marbre qui se tient debout sur la tombe de votre mère, que par l'épouse de Gaspardo.

VISCONTI. La statue me suivrait, si je la faisais porter derrière moi par mes gens.

CATARINA, *après avoir regardé le stylet.* Mais la femme résisterait.

VISCONTI. Peut-être pas, si je lui disais: Catarina, dans quelques jours, il te faudra mendier.

CATARINA, *vivement*. Avec Gaspardo?

VISCONTI. Non, seule.

CATARINA, *effrayée*. Que voulez-vous dire?

VISCONTI. Je veux dire que Gaspardo, compromis aujourd'hui, sera proscrit demain.

RICCARDO, *à part*. Il se fâche enfin!

CATARINA. C'est infâme, monseigneur... c'est injuste... mais je suis préparée à tout... il n'y a pas de loi qui puisse empêcher la femme d'un proscrit de l'accompagner... je suivrai Gaspardo.

VISCONTI. Et c'est pour t'empêcher de

l'accompagner plus tard, que je veux que tu me suives à cette heure.

CATARINA. Je ne vous suivrai pas.

VISCONTI. Je t'y forcerai.

CATARINA. Jamais !

RICCARDO, *s'approchant.* Seigneur, pour entraîner la lionne dans le piége, l'adroit chasseur emporte d'abord ses lionceaux.

VISCONTI, *se dirigeant vers la voûte.* Tu as raison, Riccardo, j'emporterai l'enfant, et la mère me suivra.

CATARINA, *qui a décroché le stylet, lui barrant le passage.* N'entrez pas là, duc! malheur, malheur! si vous touchez à mon enfant.

VISCONTI. Armée!. Sachez, ma belle, qu'en nuit d'amour, le gouverneur Visconti porte une cotte de mailles à l'épreuve du fer, et qu'il rit de la femme qui s'arme contre lui.

CATARINA, *effrayée.* Au secours, au secours !

VISCONTI. N'appelez pas!.. les portes sont gardées... la mort à qui viendrait.

CATARINA, *désespérée.* Oh! mais, je suis perdue.

VISCONTI. Comprends-tu maintenant qu'il faut me suivre?

CATARINA. Grâce, monseigneur... je suis mère... grâce!

VISCONTI. Tu as repoussé mon amour, et tu demandes ma pitié ?

CATARINA, *à genoux.* Je vous la demande à genoux pour mon pauvre enfant.

VISCONTI. Je vous offre un asile à tous deux.

CATARINA. Mais un asile de honte et de désolation... Laissez-moi par pitié.

VISCONTI. Te laisser!.. Sais-tu, Catarina, que je me suis abaissé jusqu'à être jaloux du pêcheur Gaspardo?

CATARINA, *se relevant.* C'est mon époux, seigneur.

VISCONTI. Oui, ton époux maudit.

CATARINA. Mon époux, que Dieu garde !

VISCONTI. Qui pourtant te perdra.

CATARINA. Seulement, si je meurs.

VISCONTI. Et j'aimerais mieux te savoir morte pour tous, que vivante pour lui.

CATARINA, *avec calme.* Si vous me tuez, monseigneur, la femme de Gaspardo sera morte pure.

VISCONTI, *furieux.* Malédiction !

CATARINA. Dites plutôt miséricorde.

VISCONTI, *avec rage.* La vassale me défie !.. A moi, mes estafiers !

CATARINA, *désespérée.* Seigneur, mon Dieu ! vous m'avez donc condamnée !

VISCONTI, *aux estafiers.* Qu'on entraîne cette femme.

CATARINA, *fuyant dans le fond.* Lâches, lâches !

VISCONTI. M'avez-vous entendu?

CATARINA, *aux estafiers qui se précipitent sur elle.* Lâches ! (*Se frappant de son stylet.*) Vous m'emporterez mourante.

(Elle tombe dans leurs bras.)

VISCONTI, *effrayé.* Elle s'est frappée... la malheureuse !

CATARINA, *mourante.* Mon Dieu ! protégez mon enfant... Duc, sois maudit !

(Elle meurt.)

VISCONTI. Peut-être que des secours pourraient encore...

RICCARDO. Appeler du secours, monseigneur, serait tout révéler... Cette femme était folle.

VISCONTI. Mais, elle était si belle !

RICCARDO. Elle vous préférait un manant.

UNE VOIX *lointaine sur le lac.*

Gai voyageur de nuit,
Rame sans bruit.

VISCONTI. Une voix !..

(Ils écoutent.)

Quand la femme sommeille,
Quand l'amour la réveille,
Et quand il est minuit,
Rame sans bruit,
Gai voyageur de nuit.

RICCARDO, *parlant, tandis qu'on entend chanter au-dehors.* C'est la chanson de Gaspardo ! Fuyons, monseigneur... suivez le bord du lac, et moi, le chemin de la colline.

VISCONTI, *aux estafiers.* Vous, messieurs, le justicier à des ordres à vous donner, hâtez-vous. (*Leur jetant une bourse.*) Votre silence vous est payé, partez. (*Les estafiers sortent.*) Demain, Gaspardo ne sera plus à craindre.

RICCARDO. Il approche, monseigneur... hâtons-nous.

VISCONTI. Partons.

(Ils sortent de deux côtés opposés. On entend tout près le refrain de la chanson. Gaspardo paraît dans sa barque, s'arrête, en descend, et entre dans sa cabane en appelant.)

SCÈNE VII.

GASPARDO, CATARINA, *morte.*

GASPARDO. Catarina... me voilà de retour... ne te désole plus... Où es-tu donc ? (*La voyant à terre.*) Elle dort... Croyez donc les femmes... « Quand je suis seule, Gas- » pardo, mes nuits sont si tristes, mon in-

» quiétude est si grande.» Et, tandis que je m'empresse de revenir, elle dort !.. Mais j'ai cru, je crois encore... Du sang!.. Catarina frappée!.. du secours!. du secours ! Catarina... tu ne me réponds pas... ton cœur ne bat plus!.. morte! oh! malheur! Mon Dieu, Seigneur.. (*Se redressant.*) Qui me l'a tuée? qui, qui donc? (*A la madone.*) Sainte Vierge ! Sainte Vierge des Douleurs, dites-moi qui m'a tué ma femme... montrez-moi son ombre, une trace de son pas!.. une trace !... un signe.... quelque chose enfin !.... (*Après avoir cherché, il trouve le collier.*) Un collier ! celui du gouverneur !.. Oh ! Visconti ! Visconti !.. (*Se mettant à pleurer.*) Tu l'as choisie pour sa beauté... et tu l'as tuée pour sa vertu !.. Oh ! mais, je te tuerai, moi... (*Se traînant vers le mur.*) Des armes !.. des armes !...

SCENE VIII.

GASPARDO, JACOPPO SFORCE.

JACOPPO, *Il brise une vitre et se précipite dans la cabane.* Qui que tu sois, sauve-moi !

GASPARDO, *comme effrayé, s'approchant de l'étranger.* Que veux-tu ?

SFORCE. La vie.

GASPARDO. Es-tu noble ?

SFORCE. Mon père était bouvier, et je suis soldat.

GASPARDO. Qui te poursuit ?

SFORCE. Les nobles et leurs archers.

GASPARDO. Que te faut-il pour leur échapper ?

SFORCE. Une barque qui me conduise à Milan, où le vieux Visconti me fera justice.

GASPARDO. Prends cette barque et ces rames... va-t'en.

SFORCE. Merci !.. (*S'arrêtant au fond.*) Si jamais tu es dans le malheur... toi, ton père, ta mère, ta femme ou ton enfant... le porte-enseigne Jacoppo Sforce n'aura pas oublié qu'il t'aura dû son salut.

GASPARDO, *à part.* Mon enfant !..

SFORCE. Que le ciel te récompense!

(Il va pour sortir.)

GASPARDO, *courant à lui.* Mon pauvre enfant !.. de grâce, écoute à ton tour...

SFORCE. Que me veux-tu?

GASPARDO. As-tu une femme?

SFORCE. J'en avais une.... elle est morte.

GASPARDO. Des enfans?

SFORCE. J'avais un fils, Dieu me l'a repris.

GASPARDO. Et tu les aimais ?..

SFORCE. Je les pleure depuis vingt ans.

GASPARDO. Et si, outragé de sa vertu, un noble avait assassiné ta femme lui résistant... qu'aurais-tu fait ?

SFORCE. J'aurais arraché le cœur à ce noble, et je serais mort de rage si le bourreau m'avait épargné... mais, où veux-tu en venir?

GASPARDO. Ma femme vient d'être assassinée par le gouverneur de Plaisance...

SFORCE. Et tu veux que j'aide à ta vengeance ?

GASPARDO. Non!.. non!.. (*Désignant le berceau.*) Mais, il y a dans ce berceau mon pauvre enfant ! qui, demain, peut-être, sera l'orphelin maudit pour lequel il n'y aura ni asile, ni compassion...

SFORCE. Et que veux-tu de moi ?

GASPARDO. Si tu dois la vie au père... paie la dette à l'enfant... emporte-le dans ta fuite... Si dans huit jours tu ne m'as pas revu à Milan, tu prendras pitié, toi, de l'enfant du condamné... tu lui donneras ton nom et sa part de ton pain... tu seras sa famille, son refuge... et s'il entend parler plus tard de Gaspardo le pêcheur, tu lui diras : C'était un pauvre homme, qui est mort après avoir beaucoup souffert.

(Il tombe anéanti sur un escabeau.)

SFORCE, *allant prendre l'enfant qui est dans le berceau.* Donne-moi cet enfant, que je jure ici d'aimer autant que je plains son pauvre père... et tu le retrouveras à Milan !

GASPARDO. Si Dieu le permet.

SFORCE, *entrant dans la barque, saisissant les rames et s'éloignant.* Gaspardo, dans huit jours.... à Milan.

SCENE IX.

GASPARDO, *seul, suivant la barque des yeux.*

Demain tu ne pauvre enfant ! tu ne seras plus dans les bras de ta bonne mère... mais Dieu t'a pris en pitié, puisqu'il vient de m'envoyer cet homme... Eh !.. maintenant, Gaspardo peut frapper sans retard... (*Il décroche une hache.*) Non !.. non !.. (*Il la jette à terre.*) Mon stylet. (*Ne le voyant plus au mur.*) Qu'ai je fait de mon stylet ?.. Oh ! ma raison! ma mémoire! ne m'abandonnez pas... encore.. une heure... une h[illegible] de calme!

SCENE X.

GASPARDO, RAPHAEL et PIETRO *accourant.*

PIÉTRO. Frère !.. nous venons t'embrasser avant de fuir !.. j'ai tué Visconti !

GASPARDO. C'est impossible !

RAPHAEL. Je viens de pousser son cadavre dans les broussailles, au pied de la colline... il est mort.

GASPARDO, *ramassant sa hache.* Peut-être respire-t-il encore !.. conduisez-moi près de lui !

PIÉTRO, *l'arrêtant.* C'est inutile... j'ai frappé droit au cœur.

GASPARDO, *avec désespoir.* Et je n'ai plus de vengeance !

PIÉTRO, *stupéfait.* Qu'as-tu donc, Gaspardo ?..

GASPARDO, *tirant le rideau qui cachait sa femme.* Voyez, frères !.. voyez !..

PIÉTRO et RAPHAEL. Catarina !..

GASPARDO. Morte !.. assassinée par le gouverneur !

PIÉTRO. Ah ! j'ai frappé trop tard !

GASPARDO. Par lui !.. lui qui m'échappe !.. oh !.. le sang !.. le sang.. m'étouffe !.. (*Il tombe dans leurs bras. Les deux autres l'asseyent près de la table.*) Oh ! mon Dieu ! je n'ai plus rien au monde !.. et je puis au moins mourir !

RAPHAEL. Et ton enfant, Gaspardo !.. ton enfant...

GASPARDO, *se souvenant.* Je ne l'ai plus, frères !.. je ne l'ai plus.

PIÉTRO, *courant sous la voûte.* Il n'est plus là !

GASPARDO. Tout-à-l'heure, un homme, poursuivi par la loi, est venu me demander secours... moi, qui, dans le délire, pressentais le meurtre et l'échafaud, je lui ai dit : Emporte ce pauvre enfant dans ta fuite... ma barque les a emportés tous les deux.

PIÉTRO. Quel est le nom de cet homme ?

GASPARDO. Son nom ?.. c'est le porte-enseigne Jacoppo Sforce.

PIÉTRO. Le chef des révoltés !.. sa tête est mise à prix.

GASPARDO. Il est sauvé... mais il emporte mon enfant.

PIÉTRO. Hâte-toi de l'atteindre... hâte-toi, Gaspardo !

RAPHAEL. Demain, frère, le corps du gouverneur sera trouvé... il nous faut fuir sans retard... partons tous trois, compagnons ; le ciel a fait de nous une trinité malheureuse, ne la brisons pas... Courons ensemble sur les pas du condottier, puis nous suivrons une route au hasard, et, s'il nous faut demander l'aumône en chemin, nous aurons plus de courage, en pensant que nous aurons un enfant à nourrir.

GASPARDO, *se levant précipitamment.* A Milan ! frères... à Milan !

RAPHAEL et PIÉTRO. Partons !..

GASPARDO, *s'arrêtant près de sa femme* Mais, elle... mais Catarina !.. Pauvre bien aimée, demain, la charité publique te donnera un coin de terre dans le cimetière du pauvre... et le pasteur Sanutto bénira ta dernière demeure... Seigneur !.. elle devait donc bien souffrir dans l'avenir, que vous l'avez rappelée vers vous au printemps de sa vie ?

RAPHAEL, *s'agenouillant.* L'ame du juste a sa place dans le ciel. Seigneur !... recevez son ame !

PIÉTRO, *s'agenouillant.* Seigneur !.. recevez son ame !

GASPARDO, *s'agenouillant.* Seigneur !.. Seigneur !.. recevez son ame...

(Pendant les deux dernières phrases, des soldats ont garni le fond ; les trois estafiers sont entrés dans la cabane.)

SCENE XI.

LES MÊMES, ESTAFIERS, SOLDATS.

UN ESTAFIER, *frappant sur l'épaule de Gaspardo.* Par ordre du gouverneur Visconti... déclarés tous trois complices des révoltés, vous êtes nos prisonniers.

ACTE PREMIER.

Une salle brillante du palais Contarini à Milan, précédant d'autres salles somptueuses et décorées pour une fête. A droite une fenêtre ; au fond, grandes portes ouvertes. Table de jeu, lustres, etc.

SCENE PREMIERE.

MICHIELLI, BRABANTIO.

(Michielli regarde par la fenêtre ; Brabantio entre par le fond, et descend la scène en le considérant.)

BRABANTIO. Salut à Michielli.

MICHIELLI, *se retournant avec hésitation.* Salut, monseigneur.

BRABANTIO, *riant.* Tu m'appelles monseigneur!... Par saint Jean! tu reconnais bien mal un ancien condottier de la bande invincible, dont nous faisions tous deux partie quand le vieux Sforce la commandait.

MICHIELLI. Eh! n'est-ce pas Brabantio?

BRABANTIO. Lui-même!

MICHIELLI. Et comment te trouves-tu, ce soir, vêtu comme un seigneur, et invité au bal du procurateur Contarini?

BRABANTIO. Hélas! mon ami, depuis dix ans que notre bande a été dissoute par l'élévation de notre chef à la dignité de connétable et général des armées milanaises, j'ai tout fait, excepté fortune... et je suis maintenant espion de notre souverain Marie Visconti.

MICHIELLI. Et c'est comme espion que tu es admis à la fête de ce soir?

BRABANTIO. Précisément.

MICHIELLI. Je ne m'étonne plus.

BRABANTIO. Que veux-tu, Michielli.... il faut bien gagner sa pauvre vie... Et toi, que fais-tu?

MICHIELLI. Je suis guide dans les gardes particuliers du procurateur, et par anticipation, chef des familiers du palais Visconti.... j'arrête et je mets à la torture tous ceux que tu dénonces.

BRABANTIO. Tu fais là deux vilains métiers...

MICHIELLI. Que veux-tu, Brabantio, il faut bien gagner sa pauvre vie.

BRABANTIO. C'est trop juste !..

MICHIELLI, *regardant dans le fond.* Voici le procurateur.... Je crois vraiment, Brabantio, qu'il est avec sa femme, la jeune comtesse Blanche de Visconti.

BRABANTIO. Cela te surprend?

MICHIELLI. Oui, parce que depuis trois mois qu'ils sont mariés, la comtesse a toujours habité sa villa sur le bord du lac.... Le procurateur n'est jamais sorti de ce palais, et je suis tenté de croire qu'ils se parlent aujourd'hui pour la première fois.

SCÈNE II.

LES PRÉCÉDENS, LE PROCURATEUR CONTARINI, BLANCHE DE VISCONTI, LE FRANCISCAIN RAPHAEL.

CONTARINI, *entrant par le fond avec Blanche.* A peine arrivée, comtesse, vous vous occupez déjà de votre prompt départ?

BLANCHE. Comte, j'ai cédé à vos désirs et aux instantes prières de votre favori Riccardo, en quittant ma solitude au bord du lac, ma madone et mon prie-Dieu, pour venir à cette fête.. Il est juste qu'à votre tour vous cédiez aux miennes, en me permettant d'aller retrouver bientôt ce que je n'ai quitté qu'à regret.

CONTARINI. Je cède, madame... mais je m'étonne souvent, je l'avouerai, que vous, la fille du duc de Milan, et la femme du procurateur de Saint-Pierre, soyez si rare au palais Contarini. (*Apercevant Brabantio.*) Ah! vous voilà, Brabantio! (*Brabantio s'incline. A Michielli.*) Et que veut Michielli?

MICHIELLI. Seigneur, combien d'arquebusiers prendront les armes pour saluer, à leur arrivée, le connétable et le commandant Francesco Sforce?

CONTARINI. Deux compagnies.

MICHIELLI. Autant que pour le duc de Milan?

CONTARINI. Nous donnons une fête cette nuit à cause de la victoire remportée sur le comte de Carmagnola... Le commandant Francesco commandait notre armée... le peuple attribue à l'habileté du chef un succès qui n'est dû qu'à la bravoure de nos soldats... et nous voulons, ce soir, mentir avec le peuple, et recevoir les Sforce avec une magnificence triomphale.

MICHIELLI. C'est bien, monseigneur.

CONTARINI. Maintenant va dire à Gaspardo, le patron de mes gondoliers, que je l'attends ici... allez. (*Michielli et Brabantio sortent ; à Blanche.*) Vous le voyez, comtesse... je vais donner des ordres pour votre départ.

BLANCHE. Je vous en remercie.

GASPARDO, *entrant.* Vous m'avez fait appeler, monseigneur?...

CONTARINI. La comtesse retournera cette nuit même à notre villa ; qu'à minuit ses rameurs soient prêts, que sa gondole soit sous cette fenêtre.

GASPARDO. Est-ce tout, monseigneur?

CONTARINI. C'est tout... (*Gaspardo sort; après avoir regardé par la fenêtre.*) Je vois déjà sur le canal Tesinello des gondoles de nobles et de sénateurs qui se rendent à notre bal... A voir ainsi les canaux se couvrir de gondoles illuminées, qui semblent se poursuivre, on se croirait au sein de Venise la belle... mais déjà les gondoles s'arrêtent à l'entrée du palais... et, pour en faire les honneurs... je vous devance, madame... en vous attendant bientôt.

(Il lui embrasse la main, et sort.)

SCÈNE III.

RAPHAEL, BLANCHE.

BLANCHE. Eh bien! mon père... êtes-vous content de moi?

RAPHAEL. Oui, ma fille... oui... évitez le monde; et surtout le monde où vous devez rencontrer le commandant Francesco. La femme dont le cœur était rempli de la pensée d'un absent le jour de son mariage, doit consommer le sacrifice, doit être forte.

BLANCHE. Je le serai, mon père...

RAPHAEL. Méfiez-vous surtout du courtisan Riccardo.

BLANCHE, *l'apercevant.* Le voici, mon père.

RAPHAEL. Déjà!...

RICCARDO, *à part.* Encore ce moine! (*A des invités qui sont en dehors.*) Par ici, messieurs! voici la comtesse. (*Il entre accompagné de Fabricio, Tiepolo, Melatta. A Blanche.*) Que nous soyons les premiers à vous saluer ce soir, comtesse Contarini.

BLANCHE. Je suis reconnaissante de vos hommages, messeigneurs. (*A Melatta.*) Comte Melatta, vous êtes bien bon de vous être hâté près de moi. (*Apercevant Fabricio.*) Salut au capitaine Fabricio. (*Remarquant Tiepolo.*) Quoi!... le sénateur Tiepolo... ici, ce soir?

TIEPOLO. Vous devez être en effet surprise, comtesse, de voir l'homme sombre au sein de la gaîté; c'est qu'après une victoire comme celle du commandant Francesco, tous les Milanais doivent prendre une petite part de la joie universelle.

RICCARDO. Et comment s'étonnerait-on de voir ici l'austère sénateur Tiepolo? (*désignant Raphaël.*) n'y voyons-nous pas le franciscain Raphaël, qui a déserté sa cellule et son angelus pour venir aussi fêter le commandant?

RAPHAEL. Est-ce que ma présence ici vous gêne, justicier Riccardo?

RICCARDO. Bien au contraire, elle me réjouit d'autant plus que j'ai une grande nouvelle à vous apprendre.

RAPHAEL. Je vous écoute.

RICCARDO. En signe d'estime et de confiance, notre saint-père le pape demande à Milan un de ces pieux ministres pour siéger au saint conseil... et j'espère que l'influence du procurateur Contarini et la mienne décideront le duc à vous investir de cette charge, et que demain vous partirez pour Rome, la ville sainte, le siége de l'Église...

RAPHAEL. Dieu est partout... Demain je refuserais de partir.

RICCARDO. Milan accorde à son envoyé trois mille sequins par an, et le droit de porter la croix d'or et la chappe de velours.

RAPHAEL. Je suis assez riche pour faire l'aumône; et puis, lorsqu'à mon âge on n'a pas de remords, qu'on croit à la vertu, qu'on croit à l'amitié, l'on n'envie ni la fortune, ni les dignités.

RICCARDO. Croire à l'amitié; c'est folie... se vanter de croire à la vertu, c'est mentir.

BLANCHE, *indignée.* Riccardo!...

RAPHAEL. Oh! calmez-vous, comtesse, il y a des outrages qui n'offensent pas..... mais, comme c'est devant vous tous que le seigneur Riccardo vient de me juger, qu'il me soit permis de lui dire devant vous, à mon tour, que j'ai consciencieusement étudié les hommes et compté mes heures de souffrances et de bonheur avant de me prononcer ainsi; car moi aussi, Riccardo, j'ai eu mes jours de douleur et de désespoir... Il y a vingt-cinq ans, environ, je fus injustement chassé d'Italie, déporté comme malfaiteur et rebelle; deux innocens compagnons partagèrent la même injustice, la même infortune, et tous trois nous partîmes n'ayant pour soutien que notre union malheureuse, que l'on brisa bientôt en nous séparant cruellement. La galère d'exil qui nous portait s'arrêta de loin en loin pour déposer à terre mes deux pauvres amis, et me conduisit enfin seul dans un pays lointain, où je voulais mourir, quand des pélerins me prirent en pitié, me consolèrent en me répétant les saintes paroles de résignation du Christ; et c'est en écoutant parler ces hommes pieux, que l'on appelait les moines de Saint-François, que j'ai appris, Riccardo, à croire à la vertu... Quelques années plus tard, le temps de mon exil étant expiré, franciscain moi-même, j'arrivais à Milan, où j'avais lieu d'espérer retrouverais mes deux compagnons, si le ciel avait veillé sur eux; et comme j'entrais dans une auberge, aux portes de la ville, afin de m'y reposer un peu, j'y entrevis deux hommes assis auprès d'une table. Leur conversation vint jusqu'à mes oreilles, et voici ce que j'entendis... L'un d'eux disait à l'autre : « Dieu nous a permis de nous » retrouver tous deux, frère, laissons sur » cette table un troisième gobelet pour » le compagnon Raphaël, et près de nous » un troisième escabeau, afin que, si Dieu » nous le renvoie un jour, il voie en arrivant que nous songions à lui... » Chancelant, je me levai... m'approchai de la table, m'assis silencieusement sur l'escabeau que l'on avait préparé pour moi... mes deux amis me reconnurent... nous tombâmes tous trois dans les bras l'un de l'autre, et c'est alors, Riccardo, que j'appris à croire à l'amitié.

(Fanfares de trompettes.)

LA VOIX D'UN HÉRAUT, *dans le fond.* Place à son altesse Marie-Visconti, duc et protecteur de Milan... place au duc!...

BLANCHE. Allons, messeigneurs... je vais embrasser mon père! venez saluer votre prince...

(Ils montent la scène : le duc Visconti paraît au fond, suivi de beaucoup de monde et de Contarini. A ceux qui l'accompagnent.)

LE DUC. Oui, messieurs, j'ai reçu les ambassadeurs de Venise, qui offrent de nous rendre les citadelles du Brescian, si nous voulons leur accorder une trêve de cinq ans. J'ai cru devoir vous faire part ce soir de cette soumission de Venise, l'orgueilleuse cité. (*Prenant sa fille par la main et descendant la scène.*) Te voilà donc, ma fille... (*Aux seigneurs.*) Salut, messeigneurs...

BLANCHE. Laissez-moi vous embrasser, mon père...

VISCONTI, *après l'avoir embrassée.* Que tu es belle ce soir... que cette parure te sied bien!.. Laisse-moi te contempler tout à mon aise, car c'est seulement pendant les heures de fêtes que Dieu a donné aux souverains le temps d'admirer leurs enfans. (*Clameurs au dehors.*) Quels sont ces cris?

(Cris.)

CONTARINI. Ceux du peuple, sans doute.

VISCONTI. Et pourquoi?

CONTARINI, *appelant.* Michielli! Gaspardo!.. quelqu'un. (*Gaspardo paraît.*) Pourquoi ces clameurs dans les rues.

(Cris.)

GASPARDO. C'est le peuple qui salue de ses acclamations le connétable Sforce, qui se rend ici avec le vainqueur de Carmagnola, le commandant... son fils.

VISCONTI, *à part.* Je m'en doutais. (*Nouveaux cris. La foule remonte la scène, excepté Visconti, Contarini et Riccardo.* *) Voilà bien les Milanais, qui s'inclinent jusqu'à terre quand le connétable vient sur leur passage!

CONTARINI. Vous avez dû laisser s'élever l'idole à votre droite, et le peuple adore l'idole.

VISCONTI. J'ai acheté l'alliance du redoutable condottier en le faisant général de mes armées, parce qu'il le fallait.

CONTARINI. Oui, mais depuis?

VISCONTI. Depuis, j'ai vingt fois poussé le connétable sur le champ de bataille; il y a toujours trouvé la victoire, et jamais la mort.

CONTARINI. Oh!.. ce n'est pas le connétable septuagénaire, qui m'inquiète aujourd'hui; il se courbe si près de la terre, qu'il ne tardera pas à s'y ensevelir : c'est le commandant, son fils, qui a déjà hérité de l'amour de l'armée. Duc!.. le connétable s'est contenté du titre de grand homme de guerre... mais, si, plus ambitieux, le commandant allait rêver le trône!

VISCONTI. J'y ai déjà songé.

CONTARINI. Et vous avez songé aussi, n'est-ce pas, qu'il faut le perdre avant qu'il acquière la conviction de sa force?

VISCONTI. Prenez garde, seigneur, le peuple veille sur lui...

CONTARINI. Vous l'avez toujours craint.

VISCONTI. Il y a vingt-cinq ans, seigneur Contarini, quand j'étais gouverneur à Plaisance, un homme me frappa d'un coup de stylet, et quoique j'eusse une cotte de mailles sous mon pourpoint, il me fractura la poitrine et me laissa sur la poussière, où je serais indubitablement mort, sans le secours de Riccardo...

RICCARDO. C'est vrai.

VISCONTI. Et depuis vingt-cinq ans, cette blessure m'a fait souffrir tous les jours... voilà, voilà pourquoi j'ai peur.

CONTARINI. Flétrissons donc d'abord le commandant aux yeux de ce peuple si redoutable.

VISCONTI. Et par quel moyen?

CONTARINI. Cherchons, et nous trouverons.

VISCONTI. Moi, j'en doute...

CONTARINI, *à Riccardo.* Et toi, Riccardo?

* Contarini, Visconti, Riccardo.

RICCARDO. Moi, je l'espère... monseigneur.

(Fanfare de trompettes.)

VOIX D'UN HÉRAUT, *dans le fond.* Place au connétable de Milan. Place au commandant Francesco Sforce.

RICCARDO. Les voici!

SCÈNE IV.

LES PRÉCÉDENS, LE CONNÉTABLE, FRANCESCO, PIETRO, *et* TOUTE LA FOULE, *qui redescend la scène avec eux*; GASPARDO *s'insinue adroitement, et se place de manière à pouvoir examiner le commandant**.

VISCONTI, *au connétable.* Nous allions au-devant de vous, connétable.

LE CONNÉTABLE. Duc! c'était à nous à venir au-devant de notre prince.

CONTARINI, *au commandant.* Commandant, vous avez déjà reçu nos félicitations, veuillez agréer ici nos sermens d'amitié.

LE COMMANDANT. Comte, l'avenir me convaincra de leur sincérité.

(Pendant cette scène le commandant semble chercher Blanche des yeux, et Riccardo l'observe.)

CONTARINI, *au connétable.* Puissiez-vous, général, trouver à notre fête, sinon quelques heures de bonheur, au moins quelques instans de plaisir.

LE CONNÉTABLE. J'ai toujours du plaisir quand je suis entouré de gens joyeux, et toujours du bonheur, quand après une bataille je retrouve auprès de moi, d'un côté, mon fils... (*faisant approcher Piétro, auquel il donne la main*) et de l'autre mon fidèle Piétro... mon brave compagnon d'armes.

CONTARINI, *aux invités.* Milanais!.. le connétable est notre hôte ce soir; que la musique remplisse l'air de joyeuses fanfares et de bruyans allegro... Qu'on verse à grands flots le vin de Chypre... qu'on couvre d'or les tables de pharaon. Allons, messieurs, suivez-moi, et fêtons le connétable.

LE CONNÉTABLE, *au duc, qui lui offre le pas.* Je suivrai mon prince.

(Le duc passe le premier, le connétable le suit.)

RICCARDO, *au commandant qui regarde Blanche.*) A vous, commandant, l'honneur d'offrir la main à la comtesse Contarini. (*Le commandant semble secouer la pensée qui l'absorbait, offre la main à la comtesse; tous deux expriment leur émotion et sortent lentement. Riccardo, qui les a bien examinés, à part.*) Ils s'aiment, et s'en feront l'aveu. (*En passant près de Raphaël, qui le fixe.*) Vous me gardez rancune, Raphaël... c'est mal.

(Il descend au fond.)

RAPHAEL, *le suivant des yeux.* Non, Riccardo, mais comme toi, j'observe.

GASPARDO, *à Raphaël et à Piétro, qui ont laissé sortir tout le monde.* Pourquoi tous deux les derniers?

PIÉTRO. Moi, c'est qu'en passant je voulais te serrer la main.

GASPARDO, *lui donnant la main.* Je t'avais deviné.

RAPHAEL. Et moi, je voulais vous parler à tous deux, pour vous donner rendez-vous ici après le bal.

GASPARDO. Soit, mes amis... après le bal.

(Piétro et Raphaël rentrent au bal. Gaspardo sort à gauche. Contarini et Riccardo, qui sont restés dans une salle du fond, rentrent en scène.)

CONTARINI. Viens par ici, Riccardo, j'ai besoin d'être seul avec toi.

RICCARDO. J'attendais l'heure du tumulte et des quadrilles pour me trouver seul aussi avec vous, monseigneur.

CONTARINI. C'est que toi aussi, n'est-ce pas? tu as compris que le duc Visconti défend mal sa couronne?

RICCARDO. C'est à nous à la maintenir sur sa tête.

CONTARINI. Riccardo, nous avons beaucoup d'or dans les mains, beaucoup de citoyens corrompus à Milan... cherchons sa perte à travers tout cela.

RICCARDO. Croyez-moi, comte, ne nous confions à personne, et nous trouverons, à nous deux, sa mort à Milan...

CONTARINI. Sa mort... oui... mais son déshonneur?

RICCARDO. Aussi... Mais dites-moi, comte, êtes-vous jaloux?

CONTARINI. Jaloux de ma femme?

RICCARDO. Oui.

CONTARINI. Tu le sais, Riccardo, j'ai plutôt épousé le droit à l'héritage de la couronne du duc, que sa fille, la belle Blanche de Visconti.

RICCARDO. Pourtant, si votre femme aimait un de nos jeunes Milanais, que feriez vous?

CONTARINI. Je la plaindrais, elle.

RICCARDO. Et si un de nos jeunes Milanais osait aimer la comtesse Contarini?

CONTARINI. Je le forcerais à accepter un grade dans notre armée des colonies, et je l'exilerais ainsi... Mais où veux-tu en venir?

* Gaspardo, Raphaël, Blanche, Visconti, le Connétable, Francesco, Contarini, Riccardo, Piétro *se tient derrière le connétable.*

RICCARDO. Et si ce jeune Milanais était le commandant Francesco Sforce?

CONTARINI. Oh!.. celui-là mourrait.

RICCARDO. Et vous pourriez dire à tous, monseigneur, j'ai tué l'homme qui touchait à mon honneur... Je me suis vengé du plus sanglant outrage.

CONTARINI. Et qui t'a dit qu'ils s'aimaient?

RICCARDO. J'ai, depuis deux mois, sondé leurs ames, et j'ai tout deviné.

CONTARINI. Mais, Riccardo, la comtesse a toujours vécu loin du monde et du commandant!

RICCARDO. La séparation concentre l'amour, et ne l'éteint pas... La comtesse vit en effet retirée dans sa villa... et si la passion du commandant allait l'y conduire un jour?

CONTARINI. Il n'en sortirait plus vivant?

RICCARDO. Nous nous entendons parfaitement.

CONTARINI, *avec rage*. Et tu crois, Riccardo, que le commandant oserait...

RICCARDO, *l'interrompant*. Vous oubliez, comte, que vous n'ètes pas jaloux. Soyez calme... et cachons bien tout au duc, qui tremblerait pour sa fille... comte, rentrez au bal .. et tâchez seulement de distraire adroitement le franciscain Raphaël. Il le faut.

CONTARINI, *montant la scène*. Je vais le faire.

RICCARDO. Moi, je veille; avant demain, je vous en dirai davantage.

CONTARINI, *revenant sur ses pas*. Quand je serai duc de Milan, Riccardo, je te ferai procurateur.

RICCARDO, *s'inclinant*. Merci, monseigneur. (*Contarini rentre au bal. Riccardo se frottant les mains.*) Ah! je commence à me sentir plus à l'aise, en voyant s'éloigner cette maudite crainte d'être tôt ou tard écartelé par ce peuple à qui je rends bien sa haine.. Que le destin nous serve, j'ai cinq cents sequins à perdre au jeu... jouons, et voyons si ce soir la chance sera pour nous.

(Il sort, et s'arrête au fond près d'une table de jeu Blanche et le commandant Francesco paraissent.)

SCENE V.

BLANCHE, FRANCESCO, *puis* RAPHAEL.

FRANCESCO. Oui, venez par ici, madame... éloignez-vous un instant du tumulte... approchez-vous de cette fenêtre .. asseyez-vous.

BLANCHE, *s'asseyant*. Merci!

FRANCESCO. Le bruit, l'éclat des lumières causent un enivrement qui fatigue.

BLANCHE. Oui... c'est là ce qui m'avait un instant troublée.

FRANCESCO. Et maintenant vous trouvez-vous mieux?

BLANCHE. Oui.

FRANCESCO. Pourtant, vous êtes bien pâle encore... Appellerai-je du monde?

BLANCHE, *précipitamment*. Non, commandant... je me sens mieux... (*A part.*) Mon Dieu! cachez mon trouble... (*Affectant d'être calme.*) Que vous devez être heureux, commandant, d'être de retour à Milan?

FRANCESCO, *avec amertume*. Heureux! comtesse... Non, la patrie, que l'on regrette quand on est loin d'elle... a quelquefois perdu bien du charme pour celui qui revient vers elle après une longue absence.

BLANCHE. Ce fut pourtant un beau triomphe que votre rentrée dans la ville.

FRANCESCO. Triomphe dans lequel il y avait pour moi plus de tristesse que de joie.

BLANCHE. Je ne vous comprends pas...

FRANCESCO. Avant mon départ, madame, j'aimais une jeune fille, je l'aimais comme on aime quand on n'a jamais connu sa mère, et que tout l'amour que l'on aurait dépensé sur elle, s'est amassé dans le cœur pour retomber un jour sur la tête de celle que Dieu vous dit d'aimer. Avant de lui en faire l'aveu, j'attendais qu'une action noble me fît digne d'elle et de son rang. Quand les Vénitiens nous déclarèrent la guerre... quand mon père me confia l'étendard de Milan et le sort de l'armée, je partis plein d'espoir; j'attaquai Carmagnola, qu'on appelait l'Invincible, et après trois mois d'insomnie, de périls et de batailles, l'ennemi s'était avoué vaincu; et je revins à Milan, où le peuple joyeux me salua de ses cris d'allégresse. Mais, comme je vous le disais, comtesse, il y avait pour moi plus de tristesse que de joie dans ce triomphe, car je venais d'apprendre que tandis que je m'étais battu pour la patrie... elle avait cruellement détruit tout l'espoir, tout le bonheur que j'attendais au retour.

BLANCHE, *avec intérêt*. Et comment cela, commandant?

FRANCESCO. En mariant au procurateur Contarini, Blanche de Visconti, que j'aimais de toute mon ame.

BLANCHE, *à part*. Il m'aimait... grand Dieu!.. (*Un silence; se levant précipitamment.*) Rentrons au bal, commandant.

FRANCESCO. Oh! ne me quittez pas ainsi, madame; ne me laissez pas croire que vous m'avez maudit, parce que je vous ai montré la blessure de mon ame.

BLANCHE, *à part, cachant son visage dans ses mains.* Oh! sa voix me fait mal.

FRANCESCO. Et peut-être ma souffrance a-t-elle un instant égare ma raison?

BLANCHE, *cachant son visage dans ses mains, à part.* Et lui aussi souffrait!

FRANCESCO. Avant de me quitter, Blanche... rien qu'un mot... mais un mot de pardon... J'aurais dû me taire, je le sais... mais il faut que la plainte s'échappe quand le cœur ne peut plus l'étouffer...

BLANCHE, *effrayée.* Laissez-moi, commandant... laissez-moi.

(Elle monte la scène et rencontre Raphaël.)

RAPHAEL. Il est minuit, comtesse... vos rameurs vous attendent... Mais qu'avez-vous?.. vous avez pleuré... (*Apercevant Francesco.*) Le commandant!..

FRANCESCO, *à part.* Elle pleurait!

BLANCHE. Oh! pourquoi m'avez-vous quittée, mon père?

RAPHAEL. On m'y a forcé, ma fille...

BLANCHE. Oh! j'ai hâte, mon père, de sortir de ce palais.

RAPHAEL. Venez... mon enfant... évitons que l'on remarque votre départ; hâtez-vous.

FRANCESCO, *s'approchant.* Partir!..... quitter sitôt la fête...

BLANCHE. Il le faut, commandant. (*A Raphael.*) Adieu, mon père.

RAPHAEL. Je vous accompagnerai jusqu'à votre gondole, mon enfant.

(Ils sortent ensemble.)

SCENE VI.

FRANCESCO, *seul.*

Elle pleurait!... Oh! elle m'aime!... elle m'aime... Une larme... une larme de Blanche versée pour moi!... Oh!... l'on dit vrai, quand on dit que le rire est près des pleurs. (*Apercevant le connétable qui vient à lui.*) Mon père!

SCENE VII.

FRANCESCO, LE CONNETABLE.

LE CONNÉTABLE. Je te cherchais, Francesco... je me suis mêlé à tous les groupes de jeunes hommes, et je ne t'ai pas trouvé partageant leur joie... Pourquoi cela?

FRANCESCO. Je me suis éloigné du monde pour être un instant seul.... mon père.

LE CONNÉTABLE. Et pourquoi ce besoin de solitude et cette préoccupation continuelle. qui te poursuit même au sein d'une fête?.. Depuis ton retour à Milan, Francesco, tu me caches un secret, et peut-être un chagrin...

FRANCESCO. Je vous confierai tout, mon père... mais confidence pour confidence.

LE CONNÉTABLE. Parle... que veux-tu?

FRANCESCO. Dites-moi, mon pere, avez-vous beaucoup aimé ma mère? (*Le connétable se détourne.*) Avez-vous éprouvé que près d'elle, la vie c'était le ciel?.. et quand vous l'avez perdue, jeune encore, n'avez-vous pas cru d'abord que le monde entier vous quittait?

LE CONNÉTABLE. Francesco! n'as-tu pas remarqué que chaque fois que tu me parles de ta mère, cela me fait souffrir?

FRANCESCO. Oui, mon père, et vous ne me répondez jamais...

LE CONNÉTABLE. Alors, pourquoi m'en reparler encore?

FRANCESCO. Elle était donc bien coupable?

LE CONNÉTABLE. Ecoute, Francesco... les fatigues et les blessures m'ont brisé, et je n'ai maintenant que peu d'années à vivre.. le lendemain de ma mort, tu trouveras un parchemin sur lequel seront écrites mes dernières volontés .. et où j'ai tracé quelques lignes qui t'apprendront quelle a été la destinée de celle qui t'a mise au monde. Tu le liras, ami, tu rempliras mes derniers désirs, et tu me jugeras. Mais, de grâce, mon enfant, ta mère, ne me reparle jamais d'elle.

FRANCESCO. Je ne vous en dirai plus jamais un mot, mon père.

LE CONNÉTABLE. Et te voilà plus triste encore.

FRANCESCO. Non, mon père... non, je suis joyeux ce soir, et je veux que cette nuit soit comptée comme une des plus belles de ma vie... vous quitterez le palais Contarini sans moi... j'attends ici plusieurs officiers... qui doivent venir se joindre à moi... nous voulons, entre nous, achever gaîment la nuit.

LE CONNÉTABLE. A la bonne heure, jeunes gens, de la gaîté, de la folie... la vieillesse vient assez tôt... et d'ailleurs, dans le métier des armes on ne sait qui doit vieillir. Oui... je partirai seul, je te laisse à ton rendez-vous, et sois bien gai, bien fou; si la tristesse revient... verse-toi du vin de Chypre, et bois à plein verre... A ton âge, Francesco... moi... je restais sous la table... en temps de paix... mais jamais en temps de guerre... A demain... adieu!... (*Il monte la scène, s'arrête et redescend.*) J'ai deviné la cause de ta rêverie.... Est-elle bien jolie, celle que tu aimes?

FRANCESCO, *embarrassé*. Mais, mon père...

LE CONNÉTABLE. Allons, allons!... Je te force à respecter mon secret, et je veux respecter le tien... A demain.

(Il sort.)

SCENE VIII.

FRANCESCO, *le regardant partir*. Mon bon père!... oh! si tu m'avais dit: J'ai aimé ta mère de cet amour qui transporte et dévore, je t'aurais confié ma folle passion pour Blanche... Pauvre mère! son crime était donc bien grand... oh! n'importe, je l'aurais bien aimée; et le ciel n'a pas permis qu'elle vive assez long-temps pour me laisser même un souvenir d'elle...

(Il reste pensif.)

SCENE IX.

FRANCESCO, GASPARDO.

GASPARDO, *entrant par la porte de droite*. Les nombreux invités sortent déjà du palais... le bal s'achève... Raphaël et Piétro ne vont pas tarder à venir; en les attendant (*regardant dans le bal*), si je pouvais entrevoir le commandant.

(Il s'arrête près des portes du fond et semble chercher des yeux.)

FRANCESCO, *sortant de sa rêverie*. Mais, en revanche... Dieu m'a donné l'amour de Blanche... et cet amour sera désormais ma compensation... ma vie... Sa faiblesse l'a fait me fuir... ma volonté ira au-devant d'elle... non pas demain... ce serait trop tard pour moi... mais cette nuit... à l'instant.. Où trouver une gondole? (*Apercevant Gaspardo.*) Ah! voici le patron des gondoliers du comte... (*Il va à lui et lui frappe sur l'épaule.*) L'ami!..

GASPARDO *fait d'abord un geste d'impatience, puis, reconnaissant Francesco, il sourit et se découvre*. Que vous faut-il de moi, commandant?

FRANCESCO. Une gondole.

GASPARDO. Volontiers...

FRANCESCO. L'air est frais... c'est une belle nuit. Je veux me promener sur le canal Tesinello.

GASPARDO. Vous accompagnerai-je?..

FRANCESCO. Je ramerai moi-même. Ce qui serait un travail pour toi ne sera que délassement pour moi.

GASPARDO. Je vais vous donner ma nacelle; elle est légère et file comme un oiseau... on l'appelle *l'Hirondelle*.

FRANCESCO. Merci!.. Et si jamais, gondolier, tu as besoin de la bourse ou de la protection du commandant Francesco Sforce, viens franchement lui demander l'une ou l'autre.

GASPARDO. Je n'ai besoin de rien, moi... pourtant si... j'osais... je vous demanderais...

FRANCESCO. Parle.. que veux-tu?

GASPARDO. Votre main.

FRANCESCO, *mettant sa main dans celle de Gaspardo*. De grand cœur, mon ami.

GASPARDO, *balbutiant de joie*. Ah!.. c'est que je vous aime... moi... commandant...

FRANCESCO. Et pourquoi cela?... qu'ai je fait pour toi?... (*Gaspardo déconcerté ne sait que répondre.*) Réponds?

GASPARDO, *après une hésitation*. Ce que vous avez fait pour tous les gens du peuple, qui tous vous sont dévoués... (*Avec précipitation.*) Mais... je vous ai promis ma nacelle... commandant... venez! suivez-moi... je vais vous montrer le chemin.

(Il sort à droite.)

FRANCESCO, *le suivant*. Maintenant.... à la villa du comte.

RICCARDO, *qui a tout observé, quittant la table de jeu et traversant la scène*. Le commandant et Gaspardo viennent de sortir ensemble. (*S'approchant de la fenêtre.*) Oui.... les voici.... le commandant entre dans une nacelle. Gaspardo partirait-il avec lui?... non, le commandant prend les rames... il s'éloigne... (*Descendant la scène.*) A toi, comte, à achever la partie que je viens d'engager avec tant de succès... (*Regardant dans le fond.*) Déjà les salons se dégarnissent... laissons d'abord partir le duc de Visconti, puis nous ébruiterons parmi quelques nobles le soupçon du procurateur, qui, glissant de bouche en bouche sera bientôt connu du peuple, et la mort du commandant paraîtra d'autant plus juste à tous, qu'elle aura été prévue... (*Voyant Gaspardo qui rentre.*) Ah! voici Gaspardo songeons à tout... (*A Gaspardo.*) Avant une heure, ton seigneur aura besoin d'une gondole; que tout soit prêt.

GASPARDO. Lui faudra-t-il sa gondole pavoisée?..

RICCARDO. Non, une pirogue qui puisse glisser rapidement et sans bruit.

GASPARDO. Combien de rameurs?

RICCARDO, *s'en allant.* Un seul... toi.

GASPARDO. C'est bien.

SCENE X.

GASPARDO, *seul, puis* PIÉTRO, *puis* RAPHAEL.

GASPARDO. Une pirogue qui puisse glisser rapidement et sans bruit... m'a-t-il dit... Il y a là-dessous de l'amour ou de la haine... Mais que m'importe à moi!... (*Apercevant Piétro.*) Voici Piétro.

PIÉTRO. Tu m'attendais, ami?

GASPARDO. Oui.... je vous attendais tous les deux.

PIÉTRO. Raphaël vient de me quitter, il n'y a qu'un instant, pour se mêler à un groupe de nobles et de sénateurs auxquels le justicier Riccardo semblait apprendre, à demi-voix, une mystérieuse nouvelle.... Mais il ne va pas tarder à venir.

GASPARDO. En l'attendant, Piétro, parle-moi du commandant... est-il toujours triste, soucieux?..

PIÉTRO. Toujours...

GASPARDO. Vraiment!

PIÉTRO. Et depuis quelques jours, il me fait mille questions sur sa mère.

GASPARDO. Et que lui réponds-tu?

PIÉTRO. J'élude le plus souvent la réponse; mais hier il me pressait si fort, que j'ai été forcé de parler, et je lui ai dit : Commandant ! il y a seulement cinq ans que, me battant, comme volontaire, sous les ordres du connétable... je le vis assailli dans le fort de la mêlée... je volai à son secours, et la fureur des ennemis se tourna contre moi ; j'allais succomber, quand, à son tour, le général me délivra l'épée au poing.... Dès lors, il ne voulut plus quitter l'homme avec lequel il avait échangé son sang, et me ramena à Milan.... Mais jusqu'alors... j'avais été proscrit, j'avais tristement vécu loin de l'Italie, tandis que votre père avait épousé et perdu votre mère, dont il ne m'a jamais parlé.

GASPARDO, *inquiet.* Et que t'a-t-il dit alors?

PIÉTRO. Rien... mais je l'ai vu qui mettait sa main sur ses yeux pour essuyer une larme...

GASPARDO. Pauvre enfant... et tu crois, Piétro, que j'aurais pu résister à de pareilles épreuves.... toi qui me disais.... Viens avec nous, tu seras gondolier du connétable...

PIETRO. C'était [illegible] mais [illegible] puisses voir le commandant à ton aise.

GASPARDO. Oui!... mais je me serais trahi, vois-tu, et tout cet échafaudage de gloire et d'avenir, si soigneusement construit par le connétable, se serait peut-être écroulé.... Non, non.... je suis entré au service de Contarini le procurateur, parce que je l'ai reconnu pour le plus grand ennemi des Sforce... ici... j'écoute... j'observe, et s'il se tramait quelque chose contre celui que nous avons fait vœu d'aimer en secret, je pourrais peut-être le découvrir et prévenir le mal.... C'est ici mon poste, Piétro... et puis, vois-tu? . quand nous nous sommes retrouvés tous trois... et que nous avons vu, d'un côté, Visconti sur le trône, et de l'autre, mon petit Gaspardo devenu capitaine des armées, nous avons oublié la vengeance pour aimer et suivre, dans l'ombre, l'enfant du proscrit. Nous avons puisé dans cette affection secrète une existence toute nouvelle..... mais quelquefois, ma haine, ma soif de vengeance, se réveillent avec le souvenir de Catarina.

PIÉTRO. Comme la mienne avec celui de ma pauvre sœur.

GASPARDO. Eh bien! Piétro... quand je lis dans l'avenir du commandant, je me dis.. Taisons-nous!.. veillons tous trois... laissons aller les choses, et peut-être bien qu'un jour nous serons vengés.

PIÉTRO. Et comment?

GASPARDO. Chaque jour l'amour de l'armée augmente pour le commandant et diminue pour Visconti ; le commandant s'élève... Visconti s'abaisse... et il pourrait bien se faire que plus tard... (*Il regarde autour de lui avec méfiance. Effrayé.*) Chut ! !

PIÉTRO, *mystérieusement.* Eh bien.... Gaspardo !..

GASPARDO, *se rapprochant.* Qu'est-ce que c'est ?

PIÉTRO. Je crois aussi comme toi... que ça pourrait bien arriver.

RAPHAEL, *accourant.* Frères, écoutez-moi !..

PIÉTRO. Qu'y a-t-il donc ?

RAPHAEL. Écoutez! Je vous ai déjà confié l'amour de la comtesse Contarini pour le commandant.

GASPARDO. Oui, oui... toutes les femmes l'aiment... Ensuite ?

RAPHAEL. Ce que je viens vous dire et que je viens d'apprendre, c'est que le commandant aime aussi la comtesse... que Riccardo, l'espion qui a surpris ce secret... vient d'en prévenir le comte, qui [illegible] et jure de s'en venger. (*Gaspar-*

do et Piétro font un mouvement.) mais tout n'est pas désespéré puisque Dieu, qui nous a commis tous trois à la garde du commandant nous en prévient à cette heure. . Je déciderai la comtesse à quitter l'Italie... Il me faudra quelques jours pour y parvenir... Jusque là, Gaspardo, ne quitte pas un seul instant le procurateur... Le jour compte ses pas.

GASPARDO. Oui !..

RAPHAEL. La nuit veille à sa porte.

GASPARDO. J'y veillerai.

RAPHAEL. Toi, Piétro... ne perds pas de vue le commandant... Où est-il maintenant?

GASPARDO. Sur le canal Tesinello... Il vient de me demander une gondole, et tu penses bien que je me suis empressé de le satisfaire.

RAPHAEL. Malheureux !.. tu l'as perdu !..

GASPARDO. Perdu !

RAPHAEL. Et ne vois-tu pas que l'amant court sur les pas de la comtesse, et que le mari va se hâter sur les pas de l'amant.

GASPARDO. En effet... ils m'en ont prévenu !.. cette pirogue... et je n'ai rien soupçonné !.. Frères ! je vais me jeter sur son passage...

RAPHAEL. Pars donc !.. (*Le retenant.*) Non ! écoute : du sang-froid... tu ne l'atteindrais pas en chemin, il est trop tard.. Comment pénétrer dans la villa du comte? Oui !.. un escalier tournant qui est au fond de la chapelle, ouverte à tout passant, donne dans l'appartement de la comtesse... mais comment ouvrir la porte?..

GASPARDO. Je la briserai... adieu!

(Il monte rapidement la scène; Contarini et Riccardo paraissent au fond.)

CONTARINI. Holà ! Gaspardo, nous partons; es-tu prêt?

GASPARDO, *froidement.* Je suis prêt.

CONTARINI. C'est bien.

GASPARDO, *se rapprochant de Piétro et à Raphael.* Oh !... ne tremblez pas, compagnons; le comte n'entrera pas sans moi.

CONTARINI, *appelant.* Michielli! Brabantio! (*Ils paraissent.*) Mon épée, ma cuirasse, mon manteau.

GASPARDO. Il demande son épée. (*A Piétro.*) Ami ! donne-moi la tienne...

PIÉTRO, *lui donnant son épée.* Qu'elle te soit fidèle comme je te le suis moi-même.

GASPARDO, *mettant l'épée à sa ceinture.* Non, non, Dieu ne permettra pas que j'aie jeté mon enfant dans l'abîme...

CONTARINI, *à Michielli et Brabantio, qui viennent de l'armer.* Suivez-nous tous les deux. (*A Gaspardo.*) Allons, manant, en route.

GASPARDO. Je vous suis, monseigneur. (*A ses deux amis en leur serrant les mains.*) Maintenant, mes frères, à la grâce de Dieu !...

(Il sort à la suite de Contarini.)

ACTE DEUXIÈME.

PREMIER TABLEAU.

Une pièce de l'appartement de la comtesse Contarini dans sa villa sur le bord du lac Majeur.

SCENE PREMIERE.

BLANCHE, *seule, puis* FRANCESCO.

BLANCHE. Il m'aime !..... Francesco m'aime !.. oh ! combien cette pensée me ravit et me poursuit... Il me semble que je recommence une vie nouvelle... oh !... qu'il me tardait d'être seule pour repasser dans ma mémoire tout ce qu'il m'a dit ce soir... Et pourtant mon saint confesseur me disait.. Votre amour avoué, ma fille, deviendrait un grand crime... et mon émotion m'a trahie, sans doute, ou me trahira plus tard... car j'ai trop de bonheur à me souvenir pour pouvoir... oublier... (*On heurte à la porte.*) Qu'elqu'un !... oh !... c'est sans doute... le bon frère Raphael, qui a compris que sa fille a besoin de son secours... (*Elle va ouvrir, et recule en s'écriant.*) Francesco !...

FRANCESCO. Oui, comtesse... Francesco, qui n'a pu rester au palais Contarini après votre départ, et que le délire a poussé sur vos pas.

BLANCHE, *effrayée.* Je vais appeler mes femmes...

FRANCESCO, *l'arrêtant.* Oh !... n'appelez pas. . comtesse.... je repars à l'instant... . N'appelez pas, Blanche... laissez-moi vous parler un instant seul, et soyez sans frayeur, car mon amour pour vous... c'est de l'adoration, de la pureté; c'est autre chose encore... mon Dieu.. c'est de la haine pour ceux qui vous ont mariée... vous, faible enfant, au procurateur Contarini, que vous ne pouvez aimer.

BLANCHE. Je n'ai jamais dit cela...

FRANCESCO. Elle n'aime pas son époux... celle qui, comme vous, se condamne à cette triste solitude qui ternit l'éclat de ses plus belles années... Elle n'aime pas son époux, celle qui peut donner une larme à la douleur de celui qui l'aimait et qui la voit perdue pour lui...

BLANCHE, *à part.* Mon Dieu!...

FRANCESCO, *se rapprochant.* Oh!... si près de moi vous avez un instant tremblé, ne me cachez pas cette émotion qui est aujourd'hui ma seule espérance... si près de lui vous avez souffert, ne me cachez pas vos souffrances passées... car je ne viens pas ici dans l'espoir de vous rendre criminelle... je vous aime trop pour cela... mais je viens pour protester contre les actions de ceux qui se sont arrogé le droit de me vouer au malheur... et peut-être de nous y vouer tous les deux.

BLANCHE. Oh! retirez-vous! retirez-vous, car c'est un crime déjà que de vous écouter.

FRANCESCO. Non, pas devant Dieu, car Dieu ne peut pas condamner deux êtres qui, cruellement séparés, cherchent à se rendre supportable la vie qu'il leur a donnée. Il faut que je vous parle, madame... parce que je ne puis voir s'éteindre sans combat le rêve de ma vie entière; il faut que vous m'écoutiez... parce que vous avez été sacrifiée.

BLANCHE. Je suis heureuse...

FRANCESCO, *avec passion.* Non, vous ne l'êtes pas, madame, vous ne pouvez pas l'être, car je vous aime de trop d'amour pour ne pas être aimé... parce que mon ame a toujours trop cherché la vôtre pour qu'il n'y ait pas entre nous une sympathie que ni la force, ni la raison, ne peuvent détruire... Et quand j'étais là-bas exposé aux chances des combats et de la trahison... mon pressentiment était trop grand pour ne pas être vrai... et je pressentais, à chaque heure du jour, que tandis que je pensais à elle... Blanche éprouvait une secrète inquiétude pour le jeune homme qui pouvait mourir sans avoir revu sa patrie...

BLANCHE, *à part.* Hélas!...

FRANCESCO, *continuant.* Oh! n'est-ce pas, Blanche, que si le commandant Francesco était mort dans cette guerre, n'est-ce pas que vous l'eussiez pleuré?

BLANCHE, *avec entraînement.* Oh! j'ai bien souvent prié pour vous...

FRANCESCO. Vous avez prié pour moi... Oh! Dieu vous a exaucé; car vingt fois la mort aurait dû m'atteindre, et je ne sais quel miracle m'a vingt fois sauvé... Vous avez prié pour moi! et votre père est venu jusqu'à l'autel où vous priiez pour celui qui vous aimait, vous mettre de force au doigt l'anneau de celui qui n'aimait de vous que votre héritage à venir.

BLANCHE. Mon père avait besoin, pour le maintien de sa couronne, des efforts du procurateur et de ses partisans; le comte voulut ma main pour prix des secours que lui demandait le duc de Milan.

FRANCESCO, *l'interrompant.* Oh! ne parlons pas du passé... Blanche, il y a dans le passé quelque chose de fatal. A moi, pour tout mon amour, vos rêves et les battemens de votre cœur. Entre nous un amour secret, exempt de déshonneur et de larmes.. Chaque jour dans le silence, l'un pour l'autre, une prière à la sainte Notre-Dame-de-Bon-Secours... Nous sommes jeunes encore, Blanche... et peut-être un jour... Dieu fera le reste.

BLANCHE. Oh! que Dieu nous pardonne et vous entende!

FRANCESCO. Espérons en lui, Blanche... et maintenant, merci, merci à vous qui m'aurez fait aimer la vie... merci à vous qui me faites aimer, adorer, la gloire et la patrie.

(On entend pousser violemment un verrou.)

BLANCHE, *effrayée.* Quelqu'un... malheur!.. c'est le comte.

FRANCESCO. Non, ne craignez rien... la fête le retient au palais Contarini.

BLANCHE. On vient... ne me quittez pas, Francesco... j'ai peur.

FRANCESCO. Et je vous compromettrais peut-être en restant.

(Il court à la porte du fond et la trouve fermée. Une autre porte s'ouvre, le procurateur paraît cuirassé.)

BLANCHE *et* FRANCESCO. C'est lui!

CONTARINI, *affectant un grand calme.* Commandant Francesco, je vous ai vu prendre, en gondole, le chemin de ma villa... et je me suis hâté, espérant vous trouver ici... m'attendant... (*Francesco fait un geste de surprise.*) Le conseil s'assemblera bientôt pour délibérer sur la réponse que Milan doit faire aux ambassadeurs de Venise, qui demande une trêve de cinq ans. Et vous avez sans doute aussi pensé que c'est une grave question dont deux hommes d'état comme nous doivent préalablement causer ensemble?

BLANCHE, *à part.* Que dit-il?

CONTARINI. Le duc veut accorder la trêve.. c'est, selon moi, mauvaise politique. (*A sa femme.*) Madame une conversation purement diplomatique serait sans charme pour vous, et la présence de la fille du duc Visconti pourrait nous gêner dans le jugement que nous devons porter sur les actions de son père. (*Lui prenant la main.*) Permettez-moi de vous accompagner.

(Il la conduit à son appartement.)

SCENE II.

CONTARINI, FRANCESCO, *puis* GASPARDO.

FRANCESCO, *à part.* Pourquoi tant de détours...

CONTARINI, *après avoir fermé les portes.* Tu ne savais pas que le mari veillait, Francesco.. tu ne savais pas que mes soupçons avaient mis cette nuit des espions sur tes pas; et tandis que tu me croyais encore étourdi par le plaisir, tu venais lâchement toucher à mon honneur... imprudent !

FRANCESCO. Comte, j'aimais Blanche de Visconti quand un sacrement la fit ta femme. J'aurais dû respecter les lois de l'église et des hommes... je n'en ai pas eu la force. Tu veux une réparation ? Tu le vois, je suis sans arme... mais l'épée d'un des gardes de nuit remplacera celle du commandant... Viens... et si le ciel est pour toi... mon sang lavera l'injure.

CONTARINI. Tu ne sortiras plus d'ici, Francesco...

FRANCESCO. Et que veux-tu donc ?

CONTARINI. Te punir.

FRANCESCO. Mais en homme d'honneur?

CONTARINI. En homme qui vient se venger.

FRANCESCO. Donne-moi donc une épée.

CONTARINI. J'aurai plus tôt fait de te frapper sans prendre d'abord la peine de te désarmer.

FRANCESCO. Tu veux donc m'assassiner?

CONTARINI. Je veux que tu meures.

FRANCESCO, *regardant autour de lui.* Et ces portes sont fermées !

CONTARINI. Tu voudrais fuir... n'est-ce pas ?

FRANCESCO. Non pas fuir... mais aller voler ou mendier une épée, et revenir, tête et poitrine découvertes, me battre à mort contre toi bardé de fer... voilà ce que je voudrais...

CONTARINI. Tu ne sortiras pas...

FRANCESCO. Oh !... ce n'est pas l'époux qui vient se venger ici... c'est le procurateur qui vient assassiner le commandant, qu'il n'osait provoquer en face.. Ce n'est pas de l'amour de ta femme que tu es jaloux, Contarini, c'est de celui du peuple... et tu n'as pas d'aujourd'hui résolu ma mort, mais du jour où tu m'as vu passer triomphant sous les fenêtres de ton palais, n'est-ce pas?.. Tu parles de ton honneur... mais ce n'est pas ton honneur offensé qui t'a mis ton épée au poing... à toi qui vois chanceler le trône où tu espères monter... c'est ta frayeur de lâche... et c'est elle aussi qui t'a couvert de cette cuirasse... car tu crains encore que la victime, en se débattant, ne t'arrache la poitrine de ses ongles...

CONTARINI. Tu m'outrages encore ?

FRANCESCO. Je veux jusqu'au dernier soupir te jeter l'insulte.

CONTARINI. Si près de la mort songe plutôt à ton ame ; car tu es tombé dans le piége, et le piége est mortel. (*Tirant son épée.*) A genoux, si tu veux mourir en chrétien...

FRANCESCO. J'aurais l'air de te supplier... (*Courant au fond de la scène*) et pas d'issue... mon Dieu !... pas d'issue...

CONTARINI, *s'élançant sur lui l'épée levée.* Vain espoir, Francesco!...

GASPARDO, *entrant rapidement par la petite porte qui conduit à la chapelle, et précipitant le commandant hors de la chambre.* Par ici !. . commandant... allez ! !...

(Il referme brusquement la porte, laisse tomber son manteau, tire son épée, et marche sur Contarini, qui recule interdit.)

CONTARINI, *le reconnaissant.* Gaspardo

GASPARDO. Gaspardo, qui vient de sauver le commandant Francesco...

CONTARINI. Misérable !... va, les lois le flétriront demain... et toi...

GASPARDO. Les lois ne le flétriront pas.

CONTARINI. Qui l'empêchera ?

GASPARDO. Moi.

CONTARINI. Toi, misérable valet !

GASPARDO. Je suis autre chose encore qu'un valet.

CONTARINI. Quoi donc?

GASPARDO. Je suis le père de Francesco...

CONTARINI. Toi ! son père?

GASPARDO. Moi, père du commandant que Milan croit le fils du connétable.

CONTARINI. Francesco !... fils d'un manant... Je ne le tuerai pas... mais je lui arracherai le commandement... je le ferai descendre à ton niveau...

GASPARDO. Et savez-vous, maintenant pourquoi je vous ai confié ce secret?

CONTARINI. Pourquoi ?

GASPARDO. Parce que je sais que vous avez juré la perte de mon enfant. . parce que je sais qu'il ne vivra que si vous mourez, et que j'ai voulu, en m'enfermant avec vous ici, commencer par prononcer un mot qui m'obligeât à ne plus vous en laisser sortir vivant.... Et maintenant, défendez-vous...

CONTARINI. Contre toi!...

GASPARDO. Contre le père qui vient arrêter le bras qui se lève pour poignarder son fils... Défends-toi!...

CONTARINI. Pour répondre au valet qui le provoque... (*il court ouvrir une fenêtre*) un noble appelle ses gardes.

GASPARDO, *se jetant sur lui.* Tu n'appelleras pas!...

CONTARINI, *cherchant à se défendre.* Arrière!...

GASPARDO, *le renversant d'un coup d'épée.* Avec mon secret... la mort!... (*Levant les mains au ciel.*) Seigneur, il fallait qu'il mourût pour que mon enfant puisse vivre. Quand je t'amenai dans la pirogue, Contarini! tu as dit à Riccardo : Quand j'ouvrirai la fenêtre qui donne sur le lac, vous accourrez pour attester devant les gardes que j'aurai tué le commandant pour venger mon honneur... Tu ne savais pas qu'en appelant tes espions tu préparais ma fuite... Contarini! merci!...

(Il monte sur la fenêtre, met son épée dans ses dents, et se jette à l'eau.)

SCENE III.

FRANCESCO, BLANCHE, RAPHAEL.

FRANCESCO, *rentrant haletant par la porte qui lui a servi d'issue.* Maintenant, Contarini!... le fer croisera le fer..... Où est-il donc?... oh! près d'elle!... sans doute.

(Il court ouvrir la porte de l'appartement de Blanche.)

BLANCHE, *paraissant.* Francesco!..

FRANCESCO. Où est votre époux, Blanche, où est le procurateur?..

BLANCHE. Je ne sais. (*Apercevant Contarini à terre, près de la fenêtre*). Grand Dieu!

FRANCESCO, *l'apercevant.* Lui! frappé!.. (*S'en étant approché.*) Mort! (*Se retournant vers Blanche.*) Oh! je suis innocent... Blanche... j'en jure Dieu!.. je suis innocent!.

(Riccardo, Michielli, Brabantio entrent précipitamment suivis de gardes.)

RICCARDO, *s'arrêtant stupéfait.* Le commandant debout! (*désignant Contarini*) et le procurateur frappé!... Malédiction!.... (*Aux gardes.*) Qu'on s'empare de cet homme.

(Brabantio et les gardes saisissent Francesco.)

FRANCESCO. Ah! malheur! malheur!..

BLANCHE, *apercevant Raphaël qui entre, et courant se jeter dans ses bras.* Ah! mon père!

RAPHAEL, *dans la plus grande agitation, descendant la scène avec elle.* Que se passe-t-il donc, mon enfant?

RICCARDO. Vous arrivez à temps, Raphaël, pour être ici témoin que nous arrêtons le commandant Francesco, les armes à la main, auprès du comte assassiné...

RAPHAEL. Grand Dieu!...

FRANCESCO, *désespéré, à part.* Que dire? mon Dieu!.. que faire?..

RICCARDO. Messieurs, vous porterez tous témoignage au tribunal... (*A Michielli.*) Jusque là, Michielli, rends au procurateur mort les honneurs qui lui sont dus; vous, frère Raphaël..... consolez la fille du duc de Milan.. moi, je vais dresser la sentence du fils du connétable.

(Blanche s'évanouit dans les bras de Raphaël.)

DEUXIÈME TABLEAU.

Une salle au palais ducal. Il fait nuit.

SCENE PREMIERE.

PIÉTRO, LE JOURNALIER.

PIÉTRO. Les sénateurs vont se réunir sitôt?

LE JOURNALIER. Avant une heure.

PIÉTRO. Tous, encore fatigués du fracas de la fête du procurateur... Quelle importante question peut déjà les réunir?

LE JOURNALIER. Le jugement d'un coupable.

PIÉTRO. Et quel est ce coupable?

LE JOURNALIER. Je n'en sais rien... je sais seulement que les familiers et les valets de torture ont été mandés en même temps que moi.

PIÉTRO, *avec anxiété.* Et vous avez reçu l'ordre du procurateur?

LE JOURNALIER. Non..... du justicier Riccardo.

PIÉTRO, *à part.* De Riccardo!.. (*Haut.*) Et quelle est la nature du délit.

LE JOURNALIER. Je n'en sais rien,

gadier... moi je fais mon service sans m'inquiéter du reste... (*A demi-voix.*) j'ai vu bien souvent que la prison guérissait de la curiosité ceux qui semblent seulement s'inquiéter des actions du sénat... et je suis prudent.

(Il sort en emportant les lumières.)

SCENE II.

PIÉTRO, *seul*, *puis*, RAPHAEL.

PIÉTRO. Le justicier Riccardo a donné des ordres... m'a-t-on dit, le conseil va se rassembler... qu'est-ce que ça veut dire?.. et, depuis trois grandes heures, moi, je cours les rues, je cherche, j'attends... et je n'ai vu ni Gaspardo, ni Raphael, ni le commandant... que s'est-il donc passé?.. que se passe-t-il donc encore?.. Oh!.. par mon saint patron!.. j'aimerai mieux être cloué en face d'un canon sarrasin qu'en proie à cette horrible inquiétude; je vais me mettre en route à mon tour, et me mêler un peu des affaires. (*Apercevant Raphaël qui entre.*) Vive Dieu! voici Raphaël...

RAPHAEL, *vivement*. Je te cherchais, Piétro.

PIÉTRO. Et moi, j'allais te chercher!..

RAPHAEL. As-tu vu Gaspardo?

PIÉTRO. Non!...

RAPHAEL. Tu ne sais rien?

PIÉTRO. Rien!.. hâte-toi, dis-moi tout, parle!.. Et Contarini?

RAPHAEL. Mort!

PIÉTRO. Bon!.. et le commandant?..

RAPHAEL. Est arrêté comme son assassin... et, malgré ses protestations, Riccardo l'a fait amener dans la prison du palais ducal.

PIÉTRO. Que dis-tu?... et c'est sans doute pour le juger que les sénateurs vont s'assembler...

RAPHAEL. Les sénateurs vont déjà s'assembler?

PIÉTRO, *désignant deux sénateurs qui passent au fond*. Regarde!.. en voici deux qui se rendent au tribunal.

RAPHAEL, *atterré*. Si tôt!...

PIÉTRO. Et Gaspardo? tu ne parles pas de Gaspardo?

RAPHAEL. On a trouvé son manteau dans l'appartement du comte, et je le cherche, lui... j'espérais le rencontrer auprès de toi.

PIÉTRO. Sans doute il nous attend à la taverne... frère... hâtons-nous!..

RAPHAEL. Va, Piétro... va seul... cours à la taverne, cherche Gaspardo... préviens-le de ce qui se passe... tenez-vous l'un et l'autre prêts à tout oser... Moi, je retourne auprès de la comtesse Blanche, qui doit se joindre à nous pour délivrer le commandant, et je veux mettre en jeu son amour et sa fortune.. je veux qu'elle engage, s'il le faut, ses diamans de comtesse, pour acheter la trahison de Michielli le chef des familiers que je vais retrouver à la villa... car il faut tout tenter... car la lutte est chanceuse... Audace et prudence, compagnon... va... les instans sont précieux.

(Ils vont pour sortir et rencontrent le connétable.)

SCENE III.

LES MÊMES, LE CONNÉTABLE.

PIÉTRO, *à Raphaël*. Le connétable ici!..

LE CONNÉTABLE. Te voici, Piétro... as-tu vu Francesco ce matin?

PIÉTRO, *après une hésitation*. Non, général.

RAPHAEL, *à part*. Le vieillard ne sait rien... rien encore.

LE CONNÉTABLE. Il était cette nuit d'une gaîté folle; si tu le vois avant moi, Piétro... tu l'engageras à prendre du repos... il faut du repos après le plaisir comme après la fatigue.

PITÉRO. Mais vous-même, général, vous ne songez pas au vôtre.

LE CONNÉTABLE. Le duc m'a fait demander à la pointe du jour... et je me rends à ses ordres; sans doute on doit agiter quelque haute question d'état, et l'on veut consulter le vieux chef dont la vieille expérience a déjà rendu plus d'un service.

UN GARDE, *annonçant :* Son altesse le duc de Milan.

LE CONNÉTABLE. Vous le voyez, je suis à l'heure... laissez-nous... Dieu vous conduise!...

PIÉTRO. Que Dieu vous garde, mon général... (*A Raphaël.*) Partons, frère!..

(Ils sortent, le duc paraît.)

SCENE IV.

LE CONNÉTABLE, VISCONTI.

LE CONNÉTABLE. Salut à mon prince... je suis à ses ordres.

VISCONTI. Asseyons-nous, connétable. (*Ils s'asseyent. A part.*) Interrogeons s...

regard et sa pensée. (*Haut.*) Vous ne soupçonnez pas le motif de l'entretien que je veux avoir avec vous.

LE CONNÉTABLE. Je présume, mon prince, qu'il s'agit de la trêve que demandent les Vénitiens.

VISCONTI. Non, connétable.

LE CONNÉTABLE. Qu'est-ce donc? je suis inquiet... j'écoute.

VISCONTI, *désignant un mantelet de crêpe qu'il a ajouté a son costume.* Vous n'avez pas remarqué ce crêpe?

LE CONNÉTABLE. Un crêpe de deuil... Oh! dites-moi, duc, quel est le malheur qui vous accable?.. qui donc avez-vous perdu?

VISCONTI, *avec pénétration.* Le procurateur Contarini... mon beau-fils.

LE CONNÉTABLE, *avec étonnement.* Quoi!.. mort?

VISCONTI, *le fixant.* Il vient d'être assassiné.

LE CONNÉTABLE. Assassiné!.. assassiné! dites-vous?.. oh!.. croyez, mon prince, à la triste part que je prends à votre affliction; moi qui mourrais si je perdais Francesco... S'est-on saisi du meurtrier du procurateur?

VISCONTI. Dans quelques heures le sénat l'aura condamné.

LE CONNÉTABLE. La vengeance ne console pas, duc, mais elle satisfait.

VISCONTI. Et je veux, moi, que tous les grands de l'état signent son arrêt de mort... Je veux que sa condamnation soit inscrite un jour dans l'histoire de ma vie... et je viens vous demander votre signature...

LE CONNÉTABLE. Je serai fier de vous la donner.

VISCONTI, *lui présentant un parchemin.* Voici le parchemin sur lequel sera écrite sa sentence... Veuillez signer au bas.

LE CONNÉTABLE, *surpris.* Pourquoi signer d'avance?

VISCONTI. Je vous demande, connétable, votre signature, qui sera bientôt auprès de la mienne, au bas de l'arrêt de mort de l'assassin de mon beau-fils... me la refuserez-vous?

LE CONNÉTABLE, *prenant la plume.* Duc, que celui qui sera convaincu d'avoir lâchement frappé le procurateur Contarini, soit noble, soit vilain, qu'à sa dernière heure on lui fasse espérer le pardon du ciel, ou qu'on le prive des secours de la religion... j'approuve et je signe.

(Il va pour écrire.)

VISCONTI, *lui arrachant la plume.* Arrêtez... connétable... demain, peut-être, cette signature vous ferait horreur...

LE CONNÉTABLE, *se levant.* Que voulez-vous dire?

VISCONTI. J'ai voulu me convaincre que vous étiez entièrement étranger à cet affreux attentat... et maintenant j'en suis convaincu; pardonnez-moi d'avoir douté.

LE CONNÉTABLE. Moi... complice... oh! vous venez de m'outrager cruellement.

VISCONTI. Connétable!.. le coupable est un de ces hommes de guerre...

LE CONNÉTABLE, *l'interrompant.* Qui peut-être hier encore avait mon estime, mais qu'aujourd'hui je renie... et que je verrai mourir sans pitié, j'en jure Dieu!.. maintenant, son nom?

VISCONTI. Ne le demandez pas.

LE CONNÉTABLE, *apercevant Riccardo qui entre suivi de familiers.* Voici les familiers, qui, sans doute, le conduisent au tribunal... je vais le voir passer.

VISCONTI. N'attendez pas, connétable... partez, il en est temps encore... venez.... venez...

LE CONNÉTABLE, *montant la scène.* Quel qu'il soit... je veux le voir et le maudire. (*Le commandant paraît. Reculant épouvanté.*) Francesco!.. Francesco!.. mon enfant... accusé...

SCÈNE V.

LES MÊMES, FRANCESCO, RICCARDO.

FRANCESCO, *avec effroi.* Mon père!..

RICCARDO, *au connétable qui veut s'élancer vers le commandant.* N'approchez pas!..

LE CONNÉTABLE, *chancelant, s'appuyant sur une chaise.* Oh!... ma tête se brise... et la force m'abandonne...

FRANCESCO. Ah!... je reconnais bien là le pouvoir suprême à Milan... tandis qu'il fait traîner le fils enchaîné... il amène son vieux père sur son passage...

LE CONNÉTABLE. Quoi!... cet homme maudit et déshonoré... cet homme que l'on accuse... c'est mon fils!

FRANCESCO. Oh! je suis innocent... mon père... je suis innocent... Sans doute on n'a pas craint de vous dire : Le commandant Francesco a lâchement assassiné le procurateur... mais vous ne l'avez pas cru, mon père... oh! vous ne le croyez pas...

LE CONNÉTABLE. Non! mon enfant.... non... mais par quelle fatalité?..

RICCARDO, *interrompant le connétable.* J'ai arrêté le commandant les armes à la main, seul, auprès du corps du procurateur

FRANCESCO. Mais il n'y avait pas de sang sur mon épée, justicier Riccardo... non plus que sur celle du comte, où vous espériez en trouver, n'est-ce pas?

RICCARDO. Les sénateurs vous jugeront, commandant.

LE CONNÉTABLE. Et c'est là le tribunal... malheureux père!... (*S'approchant du duc.*) Duc!... rappelez-vous la vie entière de Francesco... sa vie pleine de courage et de vertu, et vous repousserez vous-même l'horrible accusation qui pèse sur lui... rappelez-vous sa victoire... rappelez-vous ses services et les miens... faites justice, duc Marie Visconti! sauvez, sauvez mon fils!...

VISCONTI. Il est accusé d'avoir tué le mien, connétable.

FRANCESCO. Oh! ne suppliez pas... mon père... ne suppliez pas... des hommes de guerre doivent mourir en face de l'ennemi, et non pas demander grâce... ne suppliez pas, connétable.

LE CONNÉTABLE. Mais je suis ton pere... Francesco!..

UNE VOIX EN DEHORS. On ne passe pas!..

LA VOIX DE GASPARDO. Arrière... je veux parler au duc.

LA VOIX. A moi, soldats!

SCENE VI.

LES MÊMES, GASPARDO *entre accompagné de Piétro et suivi d'une sentinelle qui lutte avec lui. La désarmant et rejetant sa hallebarde dehors* *.

Je veux entrer, moi... (*Apercevant Francesco.*) Le voici.

RICCARDO, *surpris*. Gaspardo!

VISCONTI. Que veut cet homme?

GASPARDO, *à Visconti*. Le commandant est-il condamné?.. répondez, mon prince, répondez...

VISCONTI. Qui es-tu?

GASPARDO, *se tournant vers le connétable*. Le tribunal a-t-il prononcé l'arrêt du commandant Francesco Sforce?.. Parlez... dites, connétable.

LE CONNÉTABLE. Non... le tribunal s'assemble..

GASPARDO. Dieu soit loué!... Je viens à temps...

VISCONTI, *à Gaspardo*. Mais qui es-tu donc, toi, qui nous interroges ainsi?

GASPARDO. Vous voulez savoir qui je suis?.. Je suis l'assassin du procurateur Contarini....

* Visconti, Gaspardo, Francesco, Riccardo, le connétable Piétro.

VISCONTI *et* RICCARDO. Que dit-il?...

FRANCESCO, *à part*. Encore cet homme!

LE CONNÉTABLE, *à Visconti*. Vous l'entendez, duc?...

GASPARDO. Le justicier Riccardo, qui a ramassé, dans la chambre du comte, le manteau du patron des gondoliers, laisse peser l'accusation sur le commandant... mais le gondolier vient apporter sa tête au tribunal et ses mains au justicier... C'est moi qui ai tué le procurateur. Je l'ai suivi cette nuit dans son appartement, où je l'ai tué... puis je me suis jeté dans le lac et j'ai nagé jusqu'au bord... J'ai bientôt appris que le commandant Francesco était compromis... je me suis dit alors: Laisser condamner un innocent à ma place, ce serait un crime dont le ciel me demanderait compte un jour... et je suis venu jusqu'ici pour y mourir sans remords, pour éclairer les juges, pour délivrer le commandant, et pour sauver mon ame, car j'ai la crainte de Dieu... Vous avez pour preuve mon manteau trouvé chez le comte... (*Jetant son épée à terre.*) Voici mon épée encore tachée de sang et de rouille... et que maintenant justice soit faite à tous!

LE CONNÉTABLE. Vous le voyez, duc!.. mon fils n'est pas coupable.

RICCARDO. Votre fils, connétable, est complice de cet homme, qui se perdra sans le sauver... je les accuserai tous deux.

GASPARDO. Quand j'ai frappé le comte, j'étais seul avec lui.

LE CONNÉTABLE. Seul!

RICCARDO. Et le commandant est celui que nous avons trouvé, seul, auprès du procurateur frappé.

VISCONTI, *à Francesco*. Qu'avez-vous à répondre, commandant?

FRANCESCO. J'ai seulement à dire qu'à l'heure où cet homme s'avoue coupable, moi j'atteste que je suis innocent.

VISCONTI. Quel dessein vous avait conduit à la villa du procurateur?

FRANCESCO. J'ai dit ce que j'avais à dire.

VISCONTI. Nous nous en rapporterons à la sagesse du tribunal; vous êtes accusés tous deux.

GASPARDO. Vous voulez savoir pourquoi le commandant était, la nuit passée, dans la villa du comte?.. eh! bien, je le sais, et je vais le dire!...

RICCARDO, *à part, en s'approchant*. Que va-t-il faire!

(Le connétable et Francesco expriment une grande inquiétude.)

GASPARDO, *à Riccardo*. Oh! vous voulez-vous, justicier?

RICCARDO. Je vous écoute.

GASPARDO. Je ne parlerai qu'au prince... éloignez-vous!..

(Sur un geste de Visconti, Riccardo s'éloigne, l'inquiétude est sur tous les visages.)

LE CONNÉTABLE. Mais moi... moi... son père!...

PIÉTRO. Laissez, mon général... laissez faire cet homme.

GASPARDO, *à Visconti, sur le devant de la scène.* Duc!... le commandant Francesco était, la nuit passée, chez le procurateur, parce que, pendant l'absence de l'époux, votre fille Blanche, comtesse Contarini, avait secrètement ouvert sa porte à son amant Francesco...

VISCONTI, *effrayé.* Grand Dieu!...

GASPARDO, *élevant la voix.* Le commandant était chez le comte?..

VISCONTI, *l'interrompant.* Parle plus bas.

GASPARDO, *continuant à voix basse.* Parce que sa passion l'avait entraîné où me guidait ma haine.

VISCONTI, *à part.* Oh! j'aurais dû le prévoir...

GASPARDO. Les lois de Milan condamnent à mort le meurtrier, et les adultères à la flétrissure!.. eh bien! le tribunal nous jugera tous trois, puisqu'il me faut tout dévoiler.

VISCONTI. Mais, malheureux, tu vas perdre ma fille...

GASPARDO. Vous la sauverez, duc... vous êtes le maître.

VISCONTI, *dans une grande agitation.* Non... il n'y a pas de pouvoir qui puisse effacer une tache de déshonneur. Quand un bruit public... l'imprime au front d'une femme... non... il me faut ton silence.

GASPARDO. Vous rendrez de suite au commandant sa liberté... et à l'heure de ma mort vous me donnerez pour confesseur le franciscain Raphael... voilà tout.

VISCONTI, *à part.* Oh... mon Dieu!... j'ai sacrifié ma fille, et vous m'en punissez bien cruellement. (*A Gaspardo.*) Et à ces deux conditions, ce secret!...

GASPARDO. Sera demain mort avec moi.

RICCARDO. Duc! les sénateurs attendent l'accusé...

VISCONTI, *désignant Garpardo.* Le voici!... qu'on s'empare de cet homme.

RICCARDO. Mais, mon prince...

VISCONTI. La justice du duc le veut, et qu'on laisse libre le commandant Francesco Sforce injustement accusé.

LE CONNÉTABLE, *avec joie.* Libre...

RICCARDO. Mais pourtant..

VISCONTI. Silence! il le faut ainsi.

(Il sort.)

LE CONNÉTABLE. Libre... Francesco, mon fils!..

FRANCESCO, *délivré se jetant dans ses bras.* Mon père!..

LE CONNÉTABLE. Oh!.. je serais mor s'ils t'avaient tué... mon enfant...

GASPARDO, *les observant.* Comme ils s'aiment!.. (*avec regret*) et rien... pour moi... rien... malheureux père! malheureux père!..

UN DES FAMILIERS, *le poussant.* Allons!.. marchez.

GASPARDO, *sortant avec les gardes.* Que Dieu me prenne en pitié.

RICCARDO, *regardant le connétable et le commandant qui expriment leur bonheur.* Mais il y a donc toujours un ange ou un démon qui veille sur cette famille... malédiction!

(Il sort.)

SCENE VII.

PIÉTRO, LE CONNÉTABLE, FRANCESCO.

LE CONNÉTABLE, *serrant de nouveau Francesco dans ses bras.* Mon Francesco! il n'y a qu'un instant si près de la mort... et maintenant... sauvé!

FRANCESCO. Oh! mon père, il s'est passé tant de choses depuis quelques heures, que je n'ose croire encore... qu'il me semble... oh! mais je suis libre, bien libre... venez, venez près de moi... laissez-moi me convaincre. (*A Piétro qui est pensif.*) Viens aussi, Piétro... mais que fais-tu? tu ne parais pas partager notre joie, tu ne m'as pas encore tendu la main.

PIÉTRO, *lui prenant la main.* Oh! pardon... mon commandant.. mais, avant de manifester ma joie à celui qui a la vie sauve... je jetais un dernier regard à ce pauvre homme qui va mourir.

FRANCESCO, *vivement.* Il ne mourra pas, Piétro.

LE CONNÉTABLE. Oh! le pauvre malheureux ne leur échappera pas...

FRANCESCO. Il échappera, mon père... je le sauverai.

LE CONNÉTABLE. Et comment? qu'espère-tu donc?.. obtenir sa grâce?..

FRANCESCO. La grâce d'un condamné ne s'obtient pas à Milan... mais je le sauverai, dussé-je appeler à mon aide tous mes amis et mes soldats pour l'arracher de leurs mains...

LE CONNÉTABLE. Que dis-tu?..

FRANCESCO. Vous ne savez pas, mon père... ce que cet homme a fait pour moi... Ecoutez, vous me demandiez cette nuit : la femme que tu aimes est-elle belle?.. Cette femme, mon père, c'est la comtesse Contarini.

LE CONNÉTABLE, *effrayé.* La femme du procurateur!

FRANCESCO. Et si l'on m'a trouvé dans la maison du comte, c'est que j'y étais allé pour elle.

LE CONNÉTABLE. Imprudent!

FRANCESCO. Oui, mon père, c'était une grande imprudence... car le comte me suivait en méditant ma mort... et, lorsqu'armé comme en un jour de guerre, il levait à deux mains son épée sur moi, sans armes, sans espoir de salut... cet homme, se jetant entre nous deux, l'a tué pour me sauver... La fatalité m'a fait tomber entre les mains du justicier Riccardo. Cet homme vient de me sauver encore en se perdant... et je ne le délivrerais pas à mon tour!.. Oh! je ne serais qu'un ingrat et qu'un lâche.

LE CONNÉTABLE. Mais tu ne pourrais y réussir qu'en attaquant ouvertement le pouvoir.

FRANCESCO. Oui, le pouvoir qui m'a ravi celle que j'aimais... le pouvoir qui voulait ma mort hier, et la veut encore aujourd'hui... et que je veux attaquer en face.

LE CONNÉTABLE. Mais sais-tu, Francesco... qu'une telle pensée peut entraîner ta mort?

FRANCESCO. Ils l'ont jurée, ma mort.

LE CONNÉTABLE. Sais-tu qu'ils feront inscrire ton nom parmi ceux des traîtres à la patrie?..

FRANCESCO. Des nobles qui oppriment ne sont pas la patrie... D'ailleurs je dois sauver cet homme!

LE CONNÉTABLE. Et peux-tu jouer contre sa tête la tienne pleine d'avenir?... contre sa vie obscure, la tienne déjà glorieuse?.

FRANCESCO. Je lui dois dévouement pour dévouement.

LE CONNÉTABLE. Mais son dévouement superbe n'a perdu que lui seul.... et le tien, Francesco, le tien, pourrait te perdre avec cent autres, peut-être.... avec moi!.

FRANCESCO. Hélas!.. mon père... vous avez raison...

PIÉTRO, *s'avançant, à part.* Le commandant va céder.

FRANCESCO. Mais il faudra donc le laisser mourir.

PIÉTRO, *élevant la voix.* Et d'ailleurs... commandant, cet homme s'est dévoué pour vous ce matin, et pour la justice, c'est vrai! mais hier, en frappant le comte, il accomplissait une vengeance personnelle. Vous pouvez l'ignorer, vous... mais je le sais, moi, son compagnon de taverne, auquel il a dit souvent : Je tuerai à Visconti quelqu'un de sa famille..... Piétro parce qu'il y a vingt-cinq ans, Visconti a cruellement assassiné, dans ma cabane, à Plaisance, ma pauvre femme qui résistait à sa passion, à sa violence...

LE CONNÉTABLE. Que dit-il?

PIÉTRO, *continuant.* Il me l'a tuée jeune et vertueuse... m'a-t-il dit; il m'a proscrit, et je suis revenu plein de haine.... j'ai voulu lui ravir sa fille .. dont la douceur m'a désarmé... mais je lui tuerai son gendre, puis il a tué le procurateur, et il vient mourir vengé.

LE CONNÉTABLE, *à part.* Oh! mes souvenirs!.. mes souvenirs!..

PIÉTRO, *continuant.* Et vous auriez, commandant, cent fois tort de sortir votre épée du fourreau pour délivrer cet homme. (*Au connétable, avec pénétration.*) N'est-ce pas, mon général?

LE CONNÉTABLE, *bas à Piétro, dans une affreuse agitation.* Visconti le gouverneur a tué la femme de cet homme, dis-tu?

PIÉTRO. Oui, mon général.

LE CONNÉTABLE. Dans une cabane, à Plaisance?

PIÉTRO. Oui, mon général.

LE CONNÉTABLE. Il y a vingt-cinq ans?

PIÉTRO. C'est là ce que m'a dit l'accusé Gaspardo.

LE CONNÉTABLE. Gaspardo!.... Gaspardo!... (*A part.*) C'est bien son nom...

FRANCESCO.. Mais qu'avez-vous, mon père? vous pâlissez?

LE CONNÉTABLE. Rien, je n'ai rien!.... (*A part.*) Gaspardo qui s'est dévoué!.. oh! c'est lui... c'est bien lui...

PIÉTRO, *regardant dans la coulisse.* Les sénateurs se retirent, on l'emmène dans les prisons du palais ducal.... les soldats reviennent de ce côté... il est jugé maintenant.

(Des soldats traversent le fond de la scène.)

LE CONNÉTABLE, *aux soldats.* Quel est l'arrêt du tribunal?..

MICHIELLI. Le tribunal a ordonné que l'échafaud soit dressé avant le coucher du soleil.

(Il sort avec les gardes.)

LE CONNÉTABLE. Il faut sauver cet homme, Francesco... il le faut, tu le dois, je le veux.

FRANCESCO. Nous le sauverons, mon père, mais... comment?..

LE CONNÉTABLE. Silence! peut-être les espions du palais veillent à l'entour de nous; suis-moi, Francesco, viens!... sortons d'ici... (*a Piétro*) et dois-je compter sur Piétro?

PIÉTRO. Aujourd'hui comme en un jour de bataille, mon général.

LE CONNÉTABLE, *avec réflexion.* Gaspardo le pêcheur... (*Avec précipitation.*) Venez... suivez-moi.

FRANCESCO. Où donc?...

LE CONNÉTABLE. A l'arsenal!

FRANCESCO *et* PIÉTRO. A l'arsenal!...

(Ils sortent.)

ACTE TROISIÈME.

SCENE PREMIERE.

RICCARDO, MICHIELLI.

RICCARDO *à Michelli qui lit à voix basse un parchemin, et qui se hâte de le cacher.* Michielli! le connétable a obtenu du duc l'autorisation de voir le condamné.

MICHIELLI. Quoi! le duc permettra que le connétable pénètre dans les prisons du palais ducal?

RICCARDO. Non... il ordonne que, pour cette entrevue, Gaspardo soit amené dans cette chambre qui sera fidèlement gardée.

(Il sort.)

MICHIELLI. C'est bien...

BRABANTIO, *entrant de la gauche et pliant un parchemin.* J'avais prévu le cas, je gagnerai les dix mille pièces d'or.

MICHIELLI, *après l'avoir observé.* Mais n'est-ce pas encore Brabantio?

BRABANTIO. Eh! n'est-ce pas Michielli?

MICHIELLI. Lui-même... Te voilà sous l'uniforme des vétérans.

BRABANTIO. Et toi sous celui des familiers.

MICHIELLI. Oui, j'en fais aujourd'hui le service au palais... et toi, que viens-tu faire ici?

BRABANTIO. Je viens de prévenir le duc de la fameuse conspiration.

MICHIELLI. Une conspiration!

BRABANTIO. Tramée par le connétable.

MICHIELLI Et comment en as-tu surpris le secret?

BRABANTIO. En fraternisant avec les conspirateurs.

MICHIELLI. Et qu'as-tu appris?

BRABANTIO. Qu'à la tombée du jour, au signal que donnera le connétable en faisant sonner la cloche de Saint-Pierre... plusieurs compagnies de soldats révoltés doivent, sous la conduite du commandant, se précipiter sur la Piazza, pour y renverser l'échafaud dressé, tandis que les habitans des faubourgs se répandront par la ville en demandant la grâce de l'accusé Gaspardo, qu'ils appellent le sauveur du commandant Sforce.

MICHIELLI. Et quelle a été ta récompense pour en avoir prévenu le duc?

BRABANTIO. Puis-je me fier à toi?

MICHIELLI. Comme à un vieux camarade.

BRABANTIO. Alors, regarde... et lis.

MICHIELLI, *lisant.* « Je m'engage à payer » à Brabantio la somme de dix mille du- » cats, le jour et à l'heure où il me livrera » prisonnier le commandant Francesco » Sforce, rebelle à son souverain. » Diable!.. et que vas-tu faire?

BRABANTIO. Tout mon possible pour gagner les dix mille pièces d'or...

MICHIELLI. Et tu peux t'approcher du commandant à l'aide de ce costume?

BRABANTIO. Tout-à-l'heure je lui serrais les mains en lui jurant fidélité. Mais le temps me presse... mes confrères m'attendent, adieu.

MICHIELLI. Bonne chance, Brabantio...

BRABANTIO. Que le ciel te la rende!.. adieu.

SCENE II.

MICHIELLI, *seul.*

Il va livrer le commandant... bien... relisons un peu cette promesse que m'a donnée la comtesse Blanche, quand elle croyait le commandant condamné par le tribunal... (*Il lit.*) « A Michielli le fami- » lier je jure d'abandonner tous mes » diamans, le jour de la mise en fuite du » commandant Francesco Sforce... moi, » Blanche de Visconti, j'en ai fait le ser- » ment sur l'Evangile... » Vivat... et, quand Brabantio aura livré le commandant pour les dix mille ducats, je le délivrerai, moi, pour gagner les diamans... Mais voici la comtesse...

SCENE III.

BLANCHE, MICHIELLI.

BLANCHE. Je te cherchais, Michielli !

MICHIELLI. J'espérais vous rencontrer ici, comtesse.

BLANCHE. Tu sais que l'on a reconnu l'innocence du commandant, et que mon père lui a fait justice.

MICHIELLI, *avec un soupir.* Oui... comtesse... et je me mettais en devoir de vous rendre cette promesse...

BLANCHE, *prenant le parchemin.* Donne ! je vais l'anéantir...

MICHIELLI. Croyez-moi, comtesse... ne vous hâtez pas !

BLANCHE. Pourquoi? ne prouve-t-elle pas que nous sommes tous deux coupables, moi, d'avoir voulu t'acheter, toi, d'avoir voulu te vendre ?

MICHIELLI. C'est vrai, comtesse... mais elle pourrait servir à renouveler nos engagemens.

BLANCHE. Est-ce que le commandant est encore en danger?

MICHIELLI. Ne détruisez pas ce parchemin, madame, avant la fin de la journée.

BLANCHE. Est-ce que l'on voudrait encore attenter à la liberté du commandant?

MICHIELLI. Je ne puis maintenant vous en dire plus long... réfléchissez! comtesse.

SCENE IV.

BLANCHE, *puis* RAPHAEL.

BLANCHE, *seule.* Quel peut être le sens des paroles de cet homme? oh!.. me voilà encore en proie à cette horrible anxiété... peut-être encore forcée de lutter secrètement contre mon père et son sénat... Oh! pourquoi suis-je entraînée par cette force irrésistible et par ce pressentiment, qui me dit sans cesse, que si le commandant mourait... je mourrais aussi.

RAPHAEL, *entrant vivement, suivi de plusieurs dames du Rosaire.* Je viens à vous, ma fille, de la part du duc de Milan, qui a appris ou deviné votre amour pour le commandant.

BLANCHE. Grand Dieu !

RAPHAEL. Mais, ainsi que le confesseur, le père a compris que cet amour mérite plus d'indulgence que de colère... et sa prudence veut vous éloigner.

BLANCHE. Il veut m'éloigner?

RAPHAEL. D'après ses ordres, vous vous retirerez au couvent des Dames-du-Rosaire, et vous reparaîtrez à la cour après l'expiration de votre deuil.

BLANCHE. Mon père, qui sait mon amour, se hâte de m'éloigner, parce qu'il crain que sa fille le supplie d'épargner le commandant.

RAPHAEL. Le commandant n'a plus rien à craindre.

BLANCHE. Mon père !.. le familier Michielli vient de me conseiller de ne pas détruire cette promesse.

RAPHAEL. Que veut-il dire?

BLANCHE. Je n'ai pu obtenir de lui d'autre explication.

RAPHAEL. Je viens de voir un vétéran de l'armée causer dans le palais ducal avec Riccardo... Qu'a-t-il à dire au justicier? que vient-il faire ici?.. Est-ce qu'il y aurait trahison?

BLANCHE. Que dois-je faire, mon père?

RAPHAEL. Obéir au duc de Milan, ma fille, car il y a pour vous, dans ses paroles, la volonté d'un père, et les ordres d'un souverain. Il faut partir, et m'abandonner cette promesse, avec laquelle, s'il y a lieu, j'agirai en votre nom.

BLANCHE, *lui donnant le parchemin.* La voici, mon père... je partirai... mais promettez-moi, oh! promettez-moi de faire tout pour qu'il vive.

RAPHAEL. Fiez-vous à moi, ma fille.

(Une dame du Rosaire s'approche de Blanche.)

BLANCHE. Je vais vous accompagner, ma sœur. (*A Raphaël.*) Vous viendrez me visiter, n'est-ce pas, mon père ?

RAPHAEL. Je l'espère, ma fille, avant peu.

(Après un regard d'intelligence avec le franciscain, Blanche sort avec les dames du Rosaire.)

RAPHAEL, *mettant le parchemin dans sa poitrine.* Et maintenant il faudra bien que Michielli m'en dise davantage.

(Il sort à gauche.)

SCENE V.

RICCARDO, GASPARDO.

RICCARDO *entre à droite, suivi de gardes qui amènent Gaspardo les mains enchaînées. Prenant deux gardes à part.* Vous deux à cette porte, et qu'elle ne s'ouvre que pour le connétable.

(Les deux gardes sortent par le fond.)

GASPARDO. Que me veut-on donc encore... encore m'interroger?

(Riccardo sort sans répondre.)

SCENE VI.

GASPARDO, *seul*, *puis* LE CONNÉTABLE.

GASPARDO, *après avoir regardé autour de lui*. Ils m'ont laissé seul... Mon Dieu! qu'il est affreux de penser que l'on va mourir pour son enfant.. qui ne verra dans votre mort que la sentence exécutée sans deviner le sacrifice... Mourir sans l'avoir embrassé!... Oh! pourquoi ne me suis-je pas jeté au-devant de lui... pourquoi ne lui ai-je pas dit : C'est moi qui suis ton père, et voilà la tombe de ta mère... J'aurais eu au moins un peu d'affection.. et mon enfant m'aurait pleuré le lendemain de ma mort: Mais non, mon Dieu! non!... Je n'ai pas de regrets... je n'ai que de la faiblesse..... Vous m'avez donné un fils... le jour où je devais me séparer de lui, vous m'avez envoyé un ange gardien pour le veiller... mon Dieu! soyez béni! Il a grandi plein de vertus... je l'ai vu triomphant!.. mon Dieu! soyez béni!... Contarini allait le frapper quand vous m'avez prévenu... Le tribunal voulait sa mort, et vous avez permis qu'à la place de sa vie, riche de gloire et d'avenir, je puisse donner la mienne, obscure et presque achevée... Seigneur!.. Seigneur! soyez béni!..

LE CONNÉTABLE, *d'une voix sententieuse*. Si jamais tu es dans le malheur.... toi, ton père, ton frère, ta femme ou ton enfant...

GASPARDO, *surpris*. Le connétable!

LE CONNÉTABLE. Le porte-enseigne Jacoppo Sforce n'aura pas oublié qu'il t'aura dû son salut!...

GASPARDO. Que dit-il?

LE CONNÉTABLE. Voilà ce que disait, il y a vingt-cinq ans, un fugitif à un pêcheur de Plaisance... et le pêcheur lui a répondu : J'ai ma femme à venger... emporte mon enfant dans ta fuite... si dans huit jours tu ne me revois pas, tu lui donneras ton nom et sa part de ton pain... Le condottier a compté les huit jours, et le pêcheur n'est pas venu.

GASPARDO. Hélas! le pêcheur gisait alors sur une galère d'exil.

LE CONNÉTABLE. Et le condottier a attendu cinq ans pendant lesquels il a veillé sur l'enfant malade et condamné. Au bout des cinq ans, ses soins, ses veilles et ses prières avaient rendu la santé à l'enfant.. Le pêcheur n'avait point reparu... on n'avait eu de lui ni nouvelle, ni message, et le condottier, devenu chef de sa troupe, a reconnu l'enfant.

GASPARDO. Merci, mon bienfaiteur!... Alors le pêcheur, injustement déporté en Orient, gémissait sans espoir, en se courbant à de pénibles travaux... Et quinze ans plus tard, le temps de mon exil était expiré, quand l'armée milanaise venait de vaincre auprès de Constantinople, je courus sur son passage, espérant rencontrer le porte-enseigne Sforce parmi les soldats ou condottiers... Je les vis passer tous et ne le trouvai point.... Bientôt je vis s'approcher le connétable, et crus reconnaître en lui l'homme que je cherchais... A sa droite il y avait un jeune officier qu'on appelait son fils... un jeune homme au visage noble et fier... et sur ce visage je vis l'image entière de ma Catarina! je reconnus mon fils!... Mon cœur bondit dans ma poitrine, et l'émotion m'empêcha de crier... Je m'approchai du jeune officier... je m'en approchai bien près ; mais je ne lui ai pas dit : On t'a trompé, mon enfant, ce n'est pas le connétable qui est ton père,... c'est l'exilé qui revient... je ne lui ai pas dit : Jette à terre ton collier d'or et ton épée de capitaine... remplace ton pourpoint de velours par la cagoule du pauvre... Je ne lui ai rien dit de tout cela..... car alors j'eusse brisé son avenir, et, peut-être, déchiré son cœur; il vous aimait tendrement, connétable, et ne m'avait jamais vu... j'ai souffert... je me suis résigné... et, les yeux fixés sur le jeune homme, j'ai suivi jusqu'au terme du voyage l'armée qui vous ramenait à Milan.

LE CONNÉTABLE. Pauvre Gaspardo!... généreux Gaspardo!... et après tant de dévouement, Dieu permet que je te retrouve enchaîné!...

GASPARDO. Oh! Dieu ne m'a pas abandonné, car j'ai vu mon enfant victorieux... et c'est à vous, connétable, que je dois tout cela!... Oh!... laissez-moi, connétable, vous rendre grâce et vous bénir... (*Le connétable veut l'empêcher de s'agenouiller; tombant à genoux.*) Oh!... laissez-moi, connétable, laissez-moi vous embrasser les genoux...

LE CONNÉTABLE, *le relevant*. A mes pieds... toi... toi qui n'as pas abrégé l'existence du vieillard en rappelant vers toi ton enfant... toi qui, il y a vingt-cinq ans... Oh! lorsqu'après vingt-cinq ans de séparation, deux amis se retrouvent... quand le ciel les met face à face avec des larmes dans les yeux et des battemens dans le cœur, ils ne doivent pas s'agenouiller... Gaspardo... mais se tendre les bras et s'embrasser tous deux...

(*Ils se serrent dans les bras l'un de l'autre.*)

LE CONNÉTABLE. Et personne n'a jamais pénétré ce secret, n'est-ce pas?

GASPARDO. Si, connétable, si... deux compagnons qui ont jadis partagé mes malheurs, mon exil...

LE CONNÉTABLE. Et tous deux, ils sont morts?

GASPARDO. Non, connétable, ils vivent.

LE CONNÉTABLE. Et où sont-ils?

GASPARDO. A Milan.

LE CONNÉTABLE, *effrayé.* A Milan?

GASPARDO. Oh! ne craignez rien, ils sont sûrs et fidèles.

LE CONNÉTABLE, *inquiet.* Leurs noms?

GASPARDO. L'un d'eux est le franciscain Raphaël.

LE CONNÉTABLE. C'est un saint homme; mais l'autre.

GASPARDO. Le brigadier Piétro.

LE CONNÉTABLE. Mon fidèle Piétro. Oh! je comprends maintenant pourquoi tous deux ils ont voulu se dévouer pour ta délivrance...

GASPARDO. Que dites-vous, ma délivrance!

LE CONNÉTABLE. Oui, que nous avons résolue.

GASPARDO. Pour vous sauver, il m'a uffi de vous aider à fuir; mais moi je suis captif et condamné. Vous ne pourriez me sauver que par force et qu'en risquant de vous perdre. Non... laissez-moi vous remercier et mourir.

LE CONNÉTABLE. Mourir, dis-tu?...mais tu n'as donc pas d'ambition pour lui?..

GASPARDO. De l'ambition pour lui!.. si, connétable, si!..

LE CONNÉTABLE. Et tu parles de mourir... maintenant que je suis parvenu à lui donner un commandement qui l'a couvert de gloire... et que tu l'as délivré de Contarini, qui travaillait à sa perte... Sais-tu que j'ai eu vingt fois le trône en ma puissance?.. mais ayant été grossièrement élevé par des bergers, et ne sentant en moi que le génie de la guerre et l'éducation d'un soldat, j'ai craint d'y monter... mais j'ai donné à Francesco toute la force qu'il faut pour porter une couronne...

GASPARDO. La vie... connétable... la vie... car vous venez de me donner un espoir qui dévore comme la fièvre, et qui fait que la vue du bourreau me glacerait d'épouvante...

LE CONNÉTABLE. On va demander ta grâce... et ce que Visconti refuse maintenant, tout-à-l'heure il l'accordera à la demande de l'armée, et tu vivras, Gaspardo, sans fuite et sans proscription.

GASPARDO. Vous me donnez la vie, maintenant... que vous donnerai-je en échange?..

LE CONNÉTABLE. Tu garderas le secret de la naissance de Francesco jusqu'au lendemain de ma mort.

GASPARDO. Je le jure devant Dieu.

LE CONNÉTABLE. Alors, mon testament lui dévoilera tout, et Francesco t'appellera son père... après ma mort, entends-tu? Maintenant, Gaspardo, espoir et confiance, adieu!

GASPARDO, *se jetant à ses genoux.* Oh, que les bontés du ciel vous récompensent, connétable... puissent mes prières et mes larmes de reconnaissance...

LE CONNÉTABLE, *se débarrassant de lui.* Ne me retiens pas davantage...

GASPARDO. Que le ciel soit avec vous!..

(Le connétable ouvre la porte du fond.)

UNE SENTINELLE. On ne passe pas!

LE CONNÉTABLE. Je suis le connétable Sforce.

LA SENTINELLE. Nous venons de recevoir l'ordre de barrer le passage au connétable.

SCENE VII.

LES MÊMES, VISCONTI, MICHIELLI.

MICHIELLI, *annonçant à droite.* Son altesse le duc de Milan.

LE CONNÉTABLE, *qui entre suivi de Riccardo.* Duc, pourquoi suis-je ici prisonnier?

VISCONTI. Parce que j'avais donné l'ordre que l'on vous retînt jusqu'à ce que le commandant, votre fils, soit en ma puissance...

LE CONNÉTABLE, *inquiet.* Et maintenant...

VISCONTI. Vous êtes libre. (*Appelant.*) Michielli!

MICHIELLI. Monseigneur?

VISCONTI. Que le commandant soit conduit dans une des salles du palais qui donnent sur la cathédrale; et sitôt que sonnera la cloche de Saint-Pierre... qu'il meure sans pitié, sans pardon... va... (*Michielli sort.*) Maintenant, connétable, je vais faire lever la consigne qui vous retient ici: allez, et faites soulever les faubourgs de la ville... faites sonner la cloche qui doit donner le signal de la révolte...

GASPARDO, *à demi-voix au connétable.* Sauvez notre enfant... général... sauvez-le...

VISCONTI, *s'étant approché de Gaspardo.* Toi, Gaspardo.. tu m'as demandé peu confesseur, à l'heure de ta mort, le franciscain Raphael... tu as été fidèle au serment que tu m'as fait... je serai fidèle au mien. (*A Riccardo.*) Riccardo ! qu'on fasse venir le franciscain Raphael. (*Riccardo sort.*) (*Au connétable.*) Venez, connétable, le duc Marie Visconti veut vous faire les honneurs jusqu'aux portes de son palais.

LE CONNÉTABLE, *avec rage*. Oh ! les traîtres ! les traîtres !..

(Il sort lentement, accompagné du duc ; Gaspardo reste anéanti.)

RICCARDO, *faisant entrer Raphaël*. Entrez, frère Raphael... et hâtez-vous de donner vos consolations à cet homme.

(Il sort.)

SCENE VIII.

GASPARDO, RAPHAEL.

GASPARDO, *se mettant à genoux*. Viens, frère, viens m'absoudre de mes fautes... car je vais mourir...

RAPHAEL. Avant l'absolution, Gaspardo, je t'apporte l'espoir.

GASPARDO. J'ai trop souffert pour pouvoir espérer.

RAPHAEL. Écoute...

GASPARDO, *désignant Michielli qui vient d'entrer*. Silence ! on nous espionne... regarde !...

RAPHAEL. Michielli !...

MICHIELLI, *appelant à demi-voix*. Frère Raphaël !... (*Raphaël s'approche de lui. Gaspardo, tremblant, prête l'oreille.*) J'ai pu gagner les familiers.

RAPHAEL. Et les gardes ?

MICHIELLI. Sont endormis dans l'ivresse.

GASPARDO, *à part*. Que dit-il ?

MICHIELLI. Et tout-à-l'heure je croyais le succès certain, quand j'ai aperçu Brabantio, l'espion, qui veille au bas de l'escalier du Léopard... Tout serait perdu si cet homme donnait l'alarme ; il faudrait qu'un bras vigoureux, qu'une bonne rapière le contraignît au silence, sans quoi je renonce à tout.

RAPHAEL. Et tu n'espères pas le gagner comme les autres ?

MICHIELLI. Il refuserait tout, c'est un ennemi du commandant.

RAPHAEL. Fais parvenir jusqu'ici le brigadier Piétro, et je réponds de tout.

MICHIELLI. Je vais l'amener.

RAPHAEL. Eh bien, frère, maintenant, espères-tu ?

GASPARDO. Je demande pardon à Dieu d'avoir douté de sa sainte bonté.

RAPHAEL. Sitôt libre, le commandant fera sonner la cloche pour appeler les révoltés, qui demanderont ta grâce et renverseront ton échafaud...

GASPARDO. Et qui vous a ouvert le chemin ?

RAPHAEL. L'amour de la comtesse Blanche... Son père a tué ta femme, et la justice de Dieu lui a donné une fille qui aura sauvé ton fils.

SCENE IX.

LES MÊMES, PIÉTRO.

RAPHAEL, *voyant entrer Piétro*. Voici Piétro.

PIÉTRO, *courant à Gaspardo*. Gaspardo... laisse-moi d'abord te presser dans mes bras.

GASPARDO. Mon brave ami !

PIÉTRO. Et maintenant, compagnons, parlez, que voulez-vous de moi ?

RAPHAEL. De tous les soldats qui gardent le commandant, un seul est contre nous... celui-là veille au bas de l'escalier du Léopard et se nomme Brabantio.

PIÉTRO. Je l'ai vu ; ensuite ?

RAPHAEL. Pour l'attaquer, il faut un homme courageux et prudent, un homme dévoué.

PIÉTRO. Est-ce tout ?

RAPHAEL. C'est tout.

PIÉTRO. Frères, nous nous reverrons, peut-être, tous trois sur l'échafaud... mais, si Dieu le veut, si nous réussissons, c'est ici que nous nous retrouverons. Quant à Brabantio, Raphaël, un pater pour son ame.

RAPHAEL. Le duc !..

SCENE X.

LES MÊMES, VISCONTI, RICCARDO *puis* LE CONNÉTABLE.

VISCONTI, *suivi de Riccardo, après avoir descendu lentement la scène*. Laissez-nous, frère Raphaël. (*Raphaël sort. A Riccardo.*) Maintenant, Riccardo... fais entrer le connétable. (*Riccardo sort. A part.*) Guerre de ruse a toujours sauvé les Visconti... il faudra bien qu'il cède...

LE CONNÉTABLE, *entrant*. Vous m'avez fait appeler, duc ? que me voulez-vous ?

GASPARDO, *surpris*. Le connétable !

VISCONTI. Je veux vous proposer un traité de paix...

LE CONNÉTABLE. Et si je ne l'accepte pas ?

VISCONTI. Vous serez libre de sortir du palais ducal, quoi qu'il advienne.

LE CONNÉTABLE. J'exige un serment solennel.

VISCONTI. Sur quoi ?

LE CONNÉTABLE. Sur la sainte croix du Christ.

VISCONTI. Je jure sur la sainte croix du Christ, que la personne du connétable sera, dans mon palais, inviolable et sacrée pour tous. Si je me parjure, que Dieu me frappe de sa colère.

LE CONNÉTABLE. Maintenant, parlez.

VISCONTI. J'ai en ma puissance le commandant, et cet homme. (*Il désigne Gaspardo.*) Je laisserai libre votre fils, et j'exilerai Gaspardo, au lieu de le faire mourir !..

LE CONNÉTABLE. A quelles conditions ?

VISCONTI. Les voici : nous monterons tous deux à cheval sur l'heure, nous assemblerons tous les officiers de notre armée, et devant eux vous déclarerez que, trop âgé pour supporter les fatigues, vous abandonnez le commandement, que je veux prendre à votre place. Vous me rendrez votre épée de connétable.... et vous vous retirerez paisible dans votre manoir.

LE CONNÉTABLE. Quoi ! vous voulez que je me dégrade moi-même ! Depuis vingt ans mes vieux soldats m'ont toujours suivi malgré leur âge, et vous voulez que j'abandonne mes soldats !..

VISCONTI. Cet amour de l'armée vous a fait trop puissant.

LE CONNÉTABLE. Vous voulez que je rende mon épée de connétable, que j'ai reçue du peuple !

VISCONTI. L'éclat de cette épée que vous a donnée le peuple vous rend maître du peuple, et je la veux.

LE CONNÉTABLE. Vous voulez que le vieux général aille attendre la mort dans son château, tandis que ses compagnons d'armes iront glorieusement au-devant d'elle sur les champs de bataille ?

VISCONTI. Vous espériez faire un champ de bataille de ma cité.

LE CONNÉTABLE, *inquiet*. Et mon fils... quel serait son sort ?..

VISCONTI. Je choisirai mes chefs, comme vous avez choisi les vôtres.

LE CONNÉTABLE. Vous voulez à la fois abréger les jours du vieillard, et briser l'avenir du jeune homme.

VISCONTI. A ces conditions seulement, le jeune homme ne sera pas jugé comme rebelle à son prince, et le vieillard n'aura pas à pleurer son fils... Consentez-vous ?

(On entend sonner la cloche.)

GASPARDO, *avec joie*. La cloche de Saint-Pierre ?

LE CONNÉTABLE, *effrayé*. C'est impossible... sans mon ordre...

VISCONTI. C'est la cloche qui appelle aux armes les rebelles.

LE CONNÉTABLE. Et qui appelle les bourreaux de Francesco... Duc... arrêtez leurs bras... suspendez son arrêt.... j'étoufferai la révolte.

VISCONTI. Point de pitié.

LE CONNÉTABLE. Duc, je renonce à tout... je m'humilierai devant tous... Je me traîne à vos pieds... tenez, voici mon épée... grâce pour mon enfant...

GASPARDO, *s'avançant*. Gardez cette épée, connétable... vous en aurez besoin pour rallier le peuple.

LE CONNÉTABLE. Mais ils vont le tuer.

GASPARDO. Cette cloche annonce sa délivrance, et c'est lui qui la fait sonner.

LE CONNÉTABLE. Que dis-tu ?

GASPARDO. Que la trahison nous avait perdus... que la trahison nous sauve... et que le commandant vous attend au rendez-vous, connétable !..

VISCONTI, *furieux*. Oh ! cet homme a menti.

RICCARDO, *accourant*. Duc ! Michielli nous a trahis... Brabantio vient d'être tué, le commandant n'est plus entre nos mains...

VISCONTI. Enfer !..

LE CONNÉTABLE. Duc, cet homme n'a pas menti... je garde mon épée... et maintenant la guerre.

VISCONTI. Va-t'en, connétable, va-t'en ; mon serment te fait sacré pour tous dans mon palais.. mais, une fois hors de ces murs, tu ne seras plus inviolable... va-t'en.

LE CONNÉTABLE. Espoir et courage, Gaspardo... Place à moi, sentinelles !... place à moi !...

(Il sort.)

SCENE XI.

VISCONTI, RICCARDO, GASPARDO.

VISCONTI. Que nos archers se portent sur la cathédrale.

RICCARDO. Ils sont en route.

VISCONTI. Je veux passer en revue mes gardes.

RICCARDO. Je viens de leur envoyer l'ordre de se réunir dans la cour du palais.

VISCONTI. Bien Riccardo... toujours

viens prendre ma place parmi les condamnés à mort... (*Il s'assied.*) (*Après un silence.*) Mais non! sénateurs... si, soutenu par mon saint confesseur... je me suis traîné jusqu'ici, c'est qu'une autre pensée m'a conduit... je viens pour vous sauver tous!... (*Tous les sénateurs le fixent avec étonnement.*) Allons donc, regardez-moi donc en face... oui, messeigneurs, je viens vous sauver... Tenez... (*Désignant le trône.*) regardez sur le trône, ce tableau d'or, sur lequel est écrite la proclamation du premier duc de la maison des Visconti... (*Visconti se lève et le regarde.*) Le jour où vos pères ont écrit ce nom... le jour où ils l'ont jeté aux Milanais, qui se révoltaient, les Milanais sont rentrés dans l'ordre... car on venait de leur donner un nouveau chef... un nouvel espoir. Eh bien! sénateurs..... que l'exemple des pères serve à leurs enfans... Allons, qu'un de vous s'avance courageusement sur le balcon du palais; que celui-là parle et proclame au nom des autres.. hâtez-vous... Eh quoi! vous avez peur?.. Eh bien! je me dévouerai... moi, que la torture a brisé... moi, qui, défaillant et mutilé, demande à mon sang encore une heure de vie... Viens, Raphaël... viens!.. soutiens-moi...

(Il décroche le tableau, ouvre la grande draperie du fond qui laisse voir le balcon et le sommet des édifices de la ville.)

VISCONTI, *effrayé.* Sénateurs... arrêtez...

(Les sénateurs lui imposent silence.)

GASPARDO. Avec l'aide de Dieu et la protection de saint Pierre, salut à tous, salut. Le sénat dépose aujourd'hui de son autorité souveraine Marie Visconti; (*applaudissemens*) puis il nomme duc et souverain de Milan, le commandant Francesco Sforce. (*Nouveaux applaudissemens.*) Les sénateurs vont aller au-devant de votre nouveau prince, lui offrir les clefs d'or du palais ducal... Avec l'aide de Dieu et la protection de saint Pierre, salut à tous, salut!

GASPARDO, *revenant, et jetant à terre le tableau.* Maintenant, messeigneurs, prenez les clefs, marchez fièrement au peuple, qui se presse pour vous saluer au passage... allez!..

TIEPOLO, *prenant les clefs.* Comme doyen d'âge, sénateurs, je porterai les clefs... cet homme vient de parler aux Milanais au nom du sénat... et nous devons tenir la parole qu'il a donnée pour nous... suivez-moi...

(Il sort accompagné de tous les sénateurs.)

VISCONTI, *à part.* Ils ont oublié de prononcer ma mort ou mon exil.

GASPARDO, *à Raphaël.* Oh! viens, frère, te joindre à moi, pour remercier Dieu!.. viens, j'ai besoin de te sentir près de moi... car je souffre... Et Piétro..... où est-il donc

RAPHAEL. Je l'ai vu se jeter au fort de la mêlée; il combattait pour nous.

GASPARDO. Aurait-il succombé?..

RAPHAEL. Peut-être, en défendant le connétable...

GASPARDO. Oh! mon Dieu... serions-nous déjà séparés...

PIÉTRO, *dans la coulisse.* Gaspardo! Raphaël!

RAPHAEL. C'est sa voix.

(Piétro accourant, se jette dans les bras de ses deux compagnons.)

GASPARDO. Oh! tu nous es rendu... Frères, (*désignant Visconti*) le voici détrôné. *Ils s'approchent tous trois de Visconti.*) Visconti! la torture n'a pu me faire nommer mes deux complices... et les voilà devant toi, toi, qui n'as pas reconnu Raphaël le laboureur sous le froc du franciscain... et Piétro le lazzarone sous l'habit du soldat...

VISCONTI, *effrayé.* Ce sont eux...

PIÉTRO. Oui! noble orgueilleux ce sont les trois vassaux que tu as déshonorés, que tu as indignement exilés Autrefois, le stylet de Piétro n'a pu se faire jour à travers ta cotte de mailles.... mais d'un geste il peut aujourd'hui...

VISCONTI. Grâce...

RAPHAEL. Grâce, dis-tu?.. nous te laisserons la vie, non pas pour toi, mais pour quelqu'un qui t'aime.

VISCONTI. Qui donc?.. qui donc me reste encore?

RAPHAEL, *allant ouvrir une porte.* Regarde... Venez, ma fille... et plaignez votre père...

VISCONTI, *apercevant Blanche.* Ma fille!

BLANCHE, *courant à lui.* Mon père!.. Oh!.. la foule!.. les soldats, en veulent à vos jours... Ils profèrent des cris de mort. Venez!..la chapelle ducale sera pour nous un lieu d'asile... et nous y serons sous la sauve-garde du commandant Francesco Sforce.

GASPARDO. Sous la sauve-garde du duc de Milan.

RAPHAEL. Allez, Visconti... les hommes vous ont puni; mais il vous reste un compte à régler avec Dieu...

BLANCHE. Venez, mon père...

(Blanche et Visconti sortent. On entend en dehors les cris de: Vive Francesco Sforce!)

PIÉTRO. Entendez-vous ces cris..? notre

enfant s'avance en maître sur la Piazza... Venez le voir, frère.

GASPARDO. Oh! ne me quittez pas.

RAPHAEL, *le soutenant.* Gaspardo!

GASPARDO, *affaibli.* Ma tâche est remplie... j'ai usé mes derniers instans pour le proclamer... mais déjà ma vue se trouble... et je souffre horriblement... oh! la torture, la torture... (*Il tombe dans leurs bras.*) Frères, ils m'ont fait souffrir d'affreux tourmens..... De grâce, conduisez-moi près de cette image de la Vierge. (*Il se traîne, soutenu par Piétro et Raphaël, jusqu'au bas d'une peinture de la Vierge, à droite, sur le devant.*) C'est là que je veux mourir avec vous à mes côtés. (*Cris dans l'intérieur du palais. Une foule accourt sur la scène, précédant les sénateurs et Francesco.*) Le voici.... mon fils... oh! soutenez-moi.. laissez-moi le voir.

FRANCESCO, *entrant.* Que l'on respecte le prince détrôné.. c'est mon ordre; que l'on porte sur la Piazza les chevalets, les instrumens de torture, et qu'on y mette le feu...Le peuple milanais veut avoir aujourd'hui son feu de joie... Et maintenant, dites, nobles, peuple ou soldats, qui de vous était près de mon père quand il perdit la vie?

PIÉTRO. Moi, mon prince.

FRANCESCO. Toi, Piétro.. Oh! dis-moi, quelles ont été ses dernières paroles, ses dernières pensées?

PIÉTRO. Elles sont toutes contenues dans ses tablettes qu'il m'a confiées pour vous.

FRANCESCO. Oh! donne, donne. (*Il descend rapidement la scène, et lit.*) « Le vieux soldat, qui ne veut pas paraître devant Dieu, coupable d'un mensonge, va t'apprendre un secret que la mort seule pouvait dévoiler. Ta mère, Francesco, était une pauvre femme, qui mourut assassinée dans une cabane de pêcheur, à Plaisance. Pour pouvoir la venger, ton père m'a confié son enfant, auquel j'ai menti par excès d'amour. J'aurais donné ma vie pour toi.. garde ton souvenir à ton vieil ami. » Oh! je n'étais pas son fils... Encore quelques lignes. (*Il lit.*) « Ton père a survécu pour t'aimer en secret, sans te faire partager sa pauvreté. Il t'a sauvé du fer de Contarini et de la cruauté du tribunal.. Sauve ton père, Francesco... sauve Gaspardo le gondolier... » Gaspardo!... lui, mon père..... où est-il?

PIÉTRO. Le voici, duc.

FRANCESCO, *tombant à genoux près de lui.* Oh! mon père... ils t'ont blessé.

GASPARDO. Ils m'ont tué, mon prince.

FRANCESCO. Ton enfant! ton enfant!

GASPARDO, *se redressant.* Duc et souverain... de Milan.

FRANCESCO. Nous te sauverons.

GASPARDO, *faisant un dernier effort.* Mon enfant... sois béni... Adieu... frères... veillez... veillez sur lui.

FRANCESCO. Mort!.. (*Piétro appuie sa tête sur l'épaule de Raphaël qui dévore ses larmes. Désespéré.*) Et que me reste-t-il donc, à moi!

RAPHAEL. Blanche est veuve, et le peuple vous aime.

FIN.

Paris. — Imprimerie de DUBUISSON et Ce, rue Coq-Héron, 5.

www.ingramcontent.com/pod-product-compliance
Ingram Content Group UK Ltd.
Pitfield, Milton Keynes, MK11 3LW, UK
UKHW020518180726
13839UKWH00005B/2161